「女は、
男の言いなりになる男なんか、
興味がない。
自分が言いなりになりたいような
いい男とつきあうのだ。」

中谷彰宏

あきひろ

この本は、3人のために書きました。

①つきあっている人はいるけど、トキメキがない女性。

②いいなと思う男性が、誘ってくれない女性。

③優しくしているのに、いつもいい人止まりで終わる男性。

01

プロローグ

いい女は「言いなりになりたい男」とつきあっている。

銀座の老舗《しにせ》クラブ「白いばら」の名店長・山崎征一郎さんは、たくさんの女性を見てきました。

その中で、印象に残る女性がいたそうです。

社長が「あなたみたいないい女だと、モテるでしょう」と聞くと、その女性は「一度だけ言いなりになったことがあります」と答えました。

この答えは、いい女しかできません。

通常は、「とんでもない」「そこそこ」と返答するところです。

「一度だけ言いなりになったことがあります」と言われると、男性は「何があったんだ?」と想像をふくらませてしまいます。

その女性もいい女に見えるし、その向こうにいる男性もいい男に見えます。
男性はみんなその女性にフルーツの差し入れをしたくなり、女性はみんな「キャーッ」と言いました。

女性は、このひと言を言ってみたいと思うのです。

その時に1人の男性が、「でも、そういうふうに思っているのは女性全員じゃないですよね」と言いました。その男性は、全員ではないことを望んだわけです。

ところが、女性は全員一致で「そんなセリフを言ってみたい」という結果だったのです。

つまり「言いなりになりたい男」とつきあうというのが、最高の願いなのです。

タブーを破るチャンス

01

「言いなりになりたい男」とつきあおう。

タブーを破る60のチャンス

01□「言いなりになりたい男」とつきあおう。
02□「どうでもいい」を抜け出そう。
03□「したい」レベルを抜け出そう。
04□「好き」で満足しない。
05□ほかの男では満足できなくなる男とつきあおう。
06□ピンチでも、堂々としている男とつきあおう。
07□夫と区別しよう。
08□低いレベルで、競争しない。
09□会話かセックスのテクを磨こう。
10□姿勢・身だしなみ・会話を勉強しよう。

11 □ 仕事で満足しない。

12 □ モタモタした男を、切り捨てよう。

13 □ 結婚よりも上のものを求めよう。

14 □ 静かに、ゆっくり話そう。

15 □ 会話の省略を楽しもう。

16 □ ストレスを与えない。

17 □ 「嫌いな行為」を知ろう。

18 □ 「あの男だけは、ダメ」と言われる男とつきあおう。

19 □ 安定を求めない。

20 □ 道に迷うことを、楽しもう。

21 □ 仕事でも、男性を操ろう。

22 □ 具体的に、ほめよう。

23 □ 1人でも一流ホテルに泊まる男とつきあおう。

24□「言いなりになる男」を切り捨てよう。
25□ブログのために体験しない。
26□言いなりにしてもらえるように、磨こう。
27□ほかの女と一緒に怒らない。
28□最初のデートで、しよう。
29□余裕のある男とつきあおう。
30□ノーの後、即、イエスを言おう。
31□誰にでも笑顔を見せない。
32□歩くのが好きな男と、つきあおう。
33□どん底でも笑っている男とつきあおう。
34□結果をビクビクしない。
35□安心にトキメキはないことに気づこう。
36□恥ずかしい自分をさらけ出そう。

『いい女は「言いなりになりたい男」とつきあう。』目次

第1章 トキメキがないのは、「好き」でストップしているからだ。

第2章 「言いなりになりたい」男とつきあおう。

第3章

秘密が多いほど、いい女になれる。

第4章 いい女は、成り行きを楽しめる。

第5章 いい男には、余裕がある。

第6章 いい女は、過去を引きずらない。

第7章 タブーを破るチャンスをつかもう。

いい女は「言いなりになりたい男」とつきあう。

タブーを破る60のチャンス

第 1 章

トキメキがないのは、「好き」でストップしているからだ。

02

女性は、男性を3段階に分ける。好き・素敵・どうでもいい。

女性は男性を3段階に分けて見ています。

「大好き・ちょっと好き・好き」ではありません。

「大好き・好き・嫌い」でもありません。

3段階の一番上は「好き」です。

その一つ下は「素敵」です。

「素敵」は、まだ「好き」になっていません。

「素敵」より下は、「どうでもいい」「関心ない」「覚えていない」「勝手にやって」です。

3段階の少なくとも「素敵」に入らないと、チャンスはありません。

女性は男性を3段階に分けて見ている。

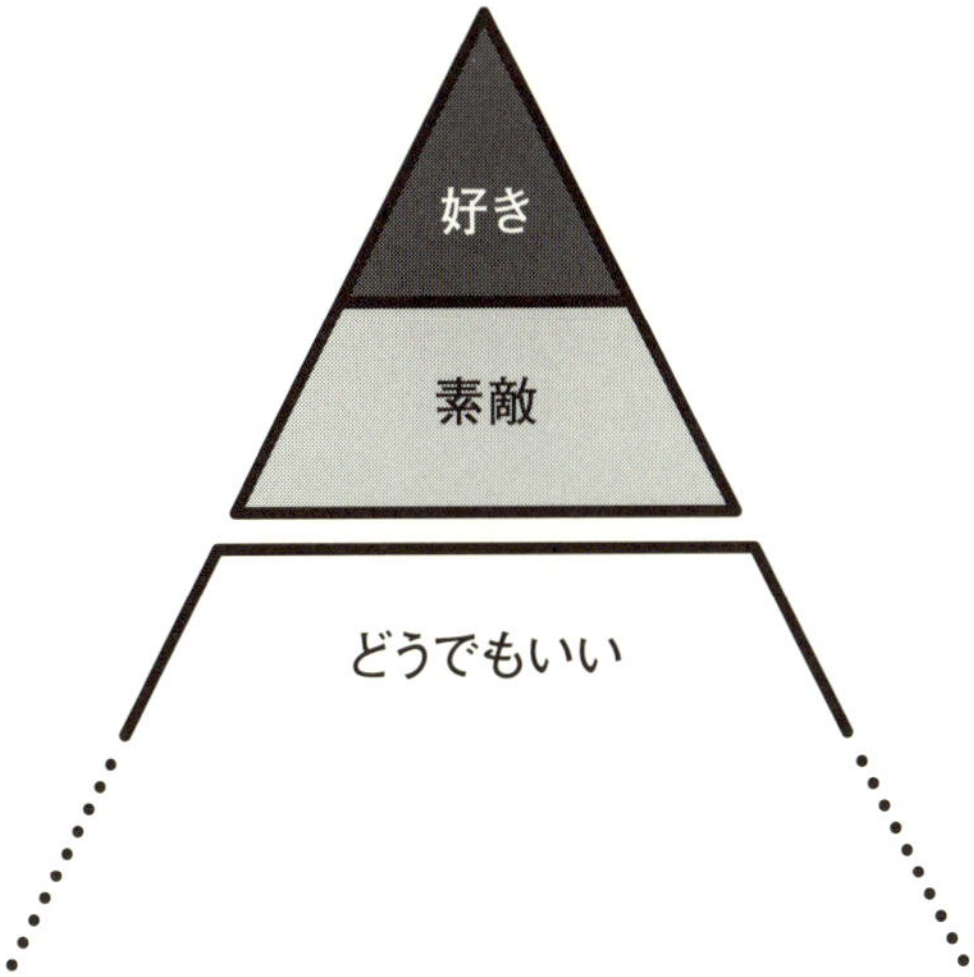

「どうでもいい」は予選落ちです。

「どうでもいい」と思われている男性は、圧倒的に数が多いです。自分が今「どうでもいい」という大部屋にいることを、残念な男は気づいていません。

男性としては、まず「どうでもいい」部屋を抜け出す必要があります。

たとえば、「好き」が3階で、「素敵」が2階とすると、「どうでもいい」は地下です。1階ではありません。

『カイジ』に出てくるような地下帝国です。

大ぜいが競争し合って、さながら阿《あ》鼻《び》叫《きょう》喚《かん》の地獄絵図を展開しています。

これが現実です。

「どうでもいい」と「素敵」は、間があいていて、つながってはいないのです。

タブーを破るチャンス

02

「どうでもいい」を抜け出そう。

03 男性は、女性を3段階に分ける。一緒にいたい・したい・一緒にいたくない。

男性には「好き」「愛している」という発想はありません。
最初に、男性が女性を見る時、分類はありません。
すべて「したい」です。
そして、した後、2つに分かれます。
上が「一緒にいたい」、下が「一緒にいたくない」です。
男性と女性とでは、分け方が違います。
女性は、最初から「好き・素敵・どうでもいい」の3段階に分けます。
ところが、男性は最初は全員「したい」なのです。

修学旅行の部屋割を考えるとわかりやすいです。

1日目は、全員「したい」の部屋です。

「したくない」はないのです。

「生理的にムリ」はありません。

残念な女が「なんか最近よく誘われる」と言います。

それは、最初の「したい」段階です。

1回した後、また部屋の分類が行われます。

次は「一緒にいたい」か「一緒にいたくない」かです。

ほとんどの女性が「一緒にいたくない」にまわされます。

「したい」か「したくない」かではありません。

していない人はみんな「したい」のです。

「男の人って、みんな1回したら冷たくなる」と言う人は、「一緒にいたくない」にまわされたのです。

女性は、この現実を受けとめる必要があります。

男性が女性を見るとき、
する前は全員「したい」。

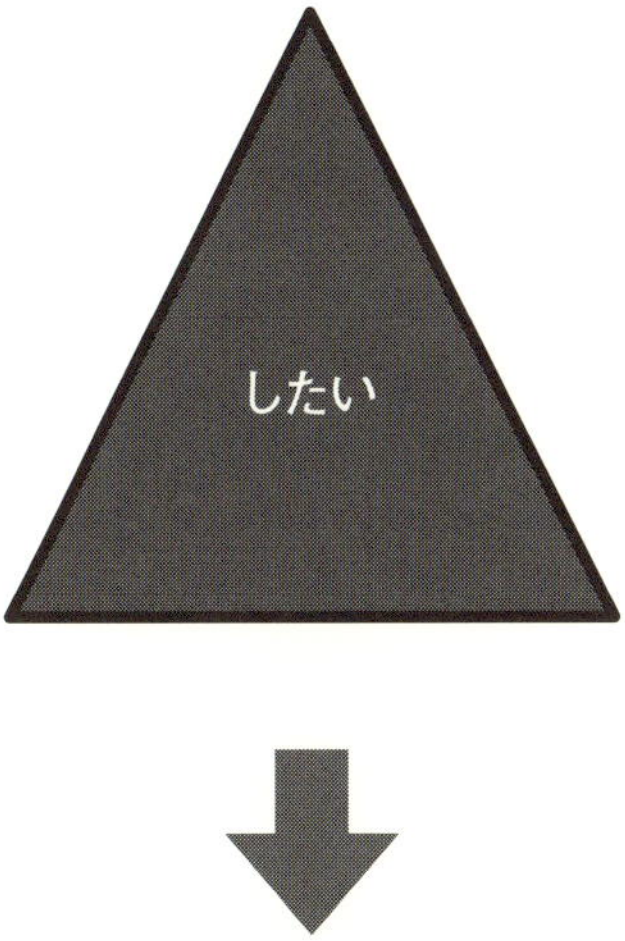

したあとは、
2つに分かれる

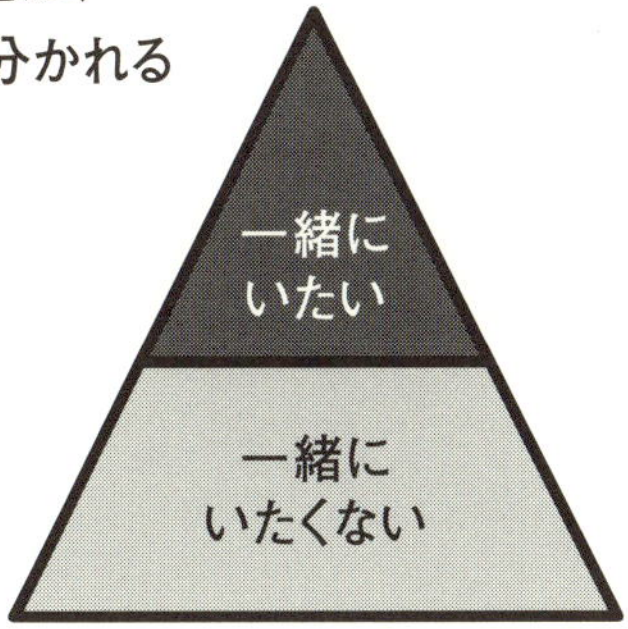

タブーを破るチャンス

03

「したい」レベルを抜け出そう。

女性が男性を分類する時には、「したい」や「したくない」はありません。

男性が女性を分類する時には、「素敵」や「好き」はありません。

男性も女性も、それぞれ明確な審査が行われています。

女性は、「したい」と思われているうちは、まだ「一緒にいたい」と思われません。

「長く続かない」と言って悩んでいる女性がよくいます。

1回はチャンスがあるけれども、エッチしたら急に離れたり、つきあっても長く続かないというのは、「一緒にいたい」と思われていないのが原因です。

自称「モテている」という人は、ただ「したい」と思われているだけです。

それは、女性ならば全員に権利があることなのです。

04

好きの上に、「言いなりになりたい」という段階がある。

男性は、「一緒にいたい・一緒にいたくない」の2段階で終わりです。

ところが、女性には「好き・素敵・どうでもいい」の上に「言いなりになりたい」という小さい部屋があるのです。

「好き」は、上がりではないということです。

女性はみんな、それをうっすら感じています。

「今つきあっている彼は好きだけど、トキメキがない」というのは、言いなりになりたいほどの相手ではないからです。

「好き」の上に、「言いなりになりたい」がある。

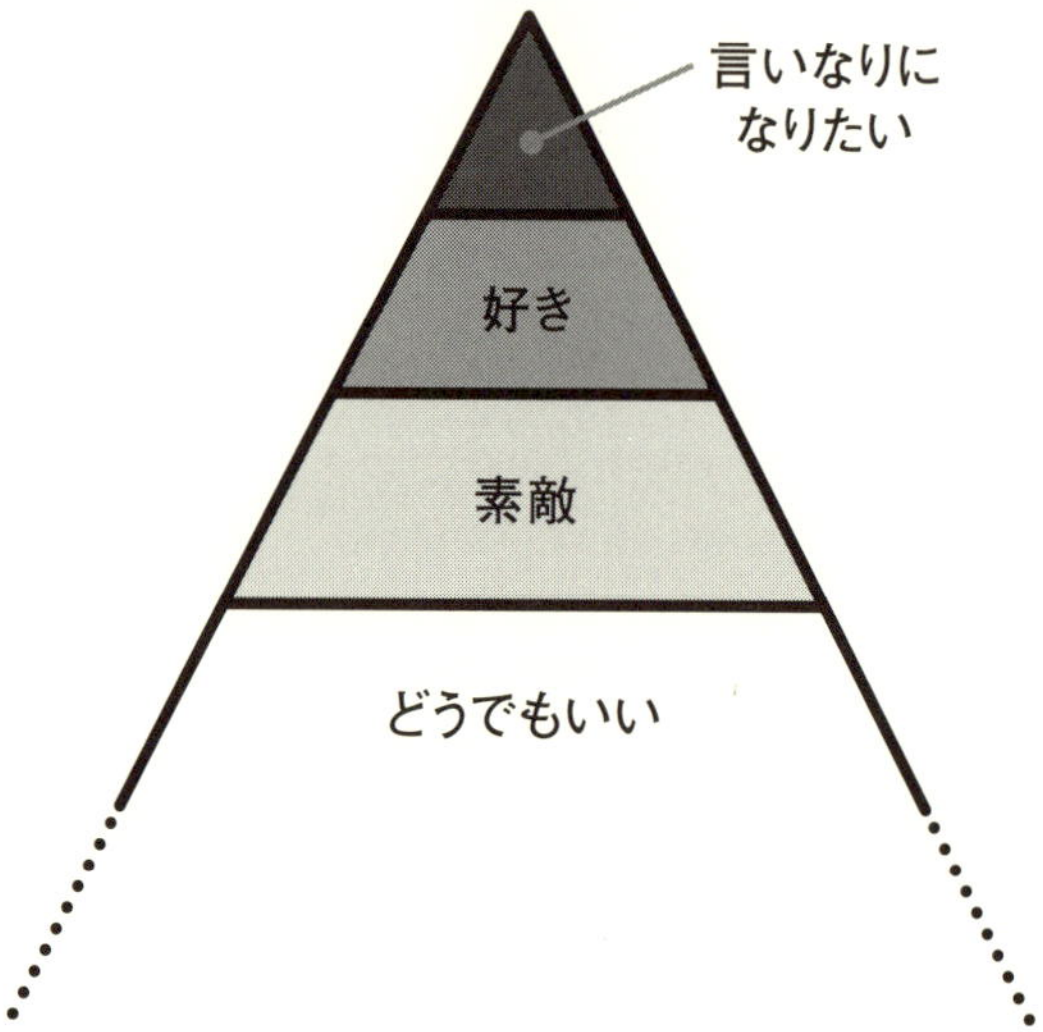

「今の旦那《だんな》は、夫や父親としては最高だけど、トキメキがない」と思っている自分は悪女ではないかと悩む人がいます。

悪女ではありません。

ここで、「それは全員の女性ではないですよね」と聞く男性がいます。

ところが、女性は「『好き』では満足できない」に全員が手を挙げます。

それが女性の脳の正常な状態なのです。

すべての女性が「言いなりになりたい男」に出会えるとは限りません。

「言いなりになりたい男なんて、いやだ」という女性もいます。

「言いなりになりたい男」の良さがわかるには、成長しなければならないのです。

「素敵」の段階は、カッコいいと感じる時です。

トキメキのある「恋」の段階です。

女子中学生は、この段階です。

「好き」は、安心感のある「愛」の段階です。

夫婦生活は、ここに当たります。

安心はあるけど、トキメキはありません。

恋の恋愛ドラマは作りやすいけど、愛の恋愛ドラマは作りにくいです。

日常的すぎて、盛り上がりに欠けるのです。

「言いなりになりたい」は、安心とトキメキの両方がある世界です。

「言いなりになりたい男」とつきあうには、女性として成長しないと、できないのです。

「言いなりになりたい男」なんて嫌だという人は、安心してください。

大部屋の「どうでもいい」が、そういう人の「言いなりになる男」になってくれるのです。

タブーを破るチャンス

04

「好き」で満足しない。

05

「言いなりになりたい男」とは、ほかの男では、もう満足できなくなることだ。だから、1人しかいない。

銀座の老舗クラブ「白いばら」の山崎店長が出会ったいい女は、「一度だけ言いなりになったことがあります」と言いました。

ここで重要なキーワードは「一度だけ」です。

「2、3回、言いなりになったことがあります」では、女子高生のような幼い女性を想像します。

急に残念な女になります。

本来は、「言いなりになりたい男」に一度出会えたら、ほかに誰が来てもムリです。

「言いなりになりたい男」は、比較対象のない世界なのです。

1人いたら、もう終わりです。

だからこそ、「一度だけ、言いなりになったことがあります」と言えるのです。

男性は「言いなりになりたいと思われる男」と「言いなりになりたい男」の2種類に分かれるのです。

「言いなりになりたい男」とは、女性を「自分の言いなりにしたいオレ様男」ではありません。

オレ様男とは真逆の、きわめて、紳士的で女性に優しい男性です。

女性のほうから、この人の言いなりになりたいと思われてしまう男性なのです。

タブーを破るチャンス

05

ほかの男では満足できなくなる男とつきあおう。

06

「言いなりになりたい男」は、美人局でも、とりこにしてしまう。

映画『フォーカス』の中で、ウィル・スミスがいい女マーゴット・ロビーと出会いました。

ナンパされているマーゴットを助けると、次のシーンではベッドの上にいました。

ところが、マーゴッドは美人局《つつもたせ》で、部屋にその仲間の男が入ってきました。

残念な男は、そこで謝りながら、「まだしていない」「向こうから来た」と言いわけをします。

ここで、主人公のウィル・スミスは「撃《う》ち殺せ」と言いました。

彼女をほかの男で満足できないようにしてしまったからだと言うのです。

「おまえ、つきあっているんだろう。オレを撃ち殺さないとこの先、生きていけないと思うよ。オレだったらそうするよ」と言う。マーゴットは本当にウィル・スミスを好きになってしまいました。

いい男は、美人局ですらとりこにしてしまうのです。

「言いなりになりたい男」は、堂々としています。

美人局の仲間の男や恋人が乗り込んできても、動じることなく堂々としているのです。

タブーを破るチャンス

06 ピンチでも、堂々としている男とつきあおう。

07

「好き」な夫がいても、その上の「言いなりになりたい男」はいてもいい。

たとえば、「夫のことは好きだけど、トキメキがない」と言う人が、「言いなりになりたい男」に出会いました。これは、分けて考えればいいのです。

「好きな夫」と「言いなりになりたい男」のどちらもいて大丈夫です。

恋愛的な「好き」を通り越して、結婚して子どもが生まれると、「夫として好き」「家族として好き」な人になります。

それは、「自分の親が好き」「兄弟が好き」と同じ「好き」のレベルです。

そこに「言いなりになりたい男」があらわれても、罪悪感を持つ必要はまったくありません。

「夫がいるのにこんな気持ちを持っていいんだろうか」と悩まなくていいのです。

むしろ、それによって一生女でいられます。

「言いなりになりたい男」を捨ててしまうと、女という性を放棄《ほうき》することになります。

「言いなりになりたい男」がいることに対して、ご主人が「なんだ？」と怒った時は、「あなたも頑張ってよ」と言えばいいのです。

「ペットを多頭飼いするのはいけないんでしょうか」

「犬を飼っていて猫を飼うのはいけないんでしょうか」

と悩む必要がないのと同じです。

ジャンルが違うからです。ふたまたでもありません。

同じ部屋で、２人とつきあうことを「ふたまた」と言うのです。

「言いなりになりたい男」と「好きな男」の部屋は違うのです。

タブーを破るチャンス

07 夫と区別しよう。

08

「どうでもいい」の大部屋の上の方か下の方かは、どうでもいい。

「どうでもいい」の大部屋で、「たしかに自分はどうでもいい部屋にいるけれども、その中では上の方にいる」と頑張る人がいるのです。

「どうでもいい」の大部屋に1度入ると、もうチャンスはありません。

下積みをして、「どうでもいい」の大部屋の階段をコツコツ上り、なんとか早く「素敵」の部屋に上がろうとする人がいます。

「どうでもいい部屋ではリーダーをさせてもらっています」と言っても、「素敵」には上がれないのです。

年功序列の世界ではないからです。

ところが、どうでもいい部屋にいる男性は勘違いしがちです。

「どうでもいい部屋の中で上に行こう」「どうでもいい部屋で上にいることに満足する」というのは、どちらも落選です。

落選に上下はありません。

低いレベルで競争していることに早く気づく必要があります。

「どうでもいい」の大部屋にいる人たちに勝っても仕方がないのです。

低いレベルの競争をするよりも、「どうでもいい」の大部屋を早く抜け出すことを考えればいいのです。

タブーを破るチャンス

08

低いレベルで、競争しない。

09

「したい」から「一緒にいたい」に上がるには、会話かセックスかのテクを磨くこと。

「したい」のレベルにいる女性は、した後、何もしなければ「一緒にいたくない」になります。

「何かしくじったら」ではありません。

「私、普通にしていたのになんで会ってもらえないんですか」と言う人がいます。

普通にしていると、自動的に「一緒にいたくない」に落ちるのです。

「したい」から、した後、「一緒にいたい」に上がるためには、2つのテストがあります。

① 会話
② セックス

どちらかをクリアすればＯＫです。

この2つは、先天的なものではなく、後天的に学習したものです。

セックスには、スタイルのよさは関係ありません。

テクニックの問題です。

たとえば、美容院に行くと、シャンプーがうまい人とヘタな人がいます。

マッサージに行くと、ちょうどいいところをマッサージしてくれる人とそうでない人がいます。

セックスとマッサージは似ているのです。

セックスの前に女性が男性に「マッサージして」と言います。

そこで「え、マッサージ？」と思うのは、残念な男です。

残念な男は、マッサージをセックスとカウントしないのです。

女性にとっては、マッサージはセックスの一部です。

映画『CLICK　もしも昨日が選べたら』では、主人公のアダム・サンドラーが早送りできる魔法の万能リモコンを持っています。

セックスの前に、奥さんのケイト・ベッキンセイルに「マッサージして」と言われた旦那さんは早送りのボタンを押しました。

次のシーンでは天井《てんじょう》を見ています。

「終わったの？」と旦那さんが聞くと、奥さんが「あなたはね」と返事をしました。

時計を見ると、3分しかたっていません。

残念な男は、早送りボタンをすぐ押すのです。

マッサージのお店に行って、「またここに来よう」と思うポイントは、一つは、マッサージのテクニックがうまいかどうかです。

もう一つは、会話が合うかどうかです。

せっかくマッサージしてリラックスしようと思っているのに、会話がうるさいとくつろげません。

お店によっては、「あなた、それ、自分がしたい話をしているでしょう」と思ったり、寝たい時に寝かせてくれないスタッフもいます。
いい女になるコツは、会話かセックスのテクを磨くことなのです。

タブーを破るチャンス

09

会話かセックスのテクを磨こう。

10 「素敵」に入るには、姿勢と身だしなみと会話。

「『素敵』に上がるためにはどうしたらいいんですか」「一生『どうでもいい』で終わりですか」と聞く人がいます。

「どうでもいい」部屋の中だけで勝負をしているなら、一生そこで終わりです。

ただし、地下帝国を抜け出す方法はあります。

① 姿勢
② 身だしなみ
③ 会話

という3つです。

女性が男性を見た時に、「素敵」と思うか「どうでもいい」「覚えていない」になるかどうかの分かれ目は、この3つがポイントなのです。

「素敵」から「なんか好きになりそう」という予感が生まれます。

まだ「好き」でなくても、「好きになりそう」「ちょっと好きになりかけているかな」「好きになってもいいかな」という感じで「好き」に入っていくのです。

こういう段階は男性にはありません。

男性は「したい」で終わりです。

男性のスイッチは、ホームごたつと同じで「入れる」「切る」しかないのです。

「素敵」に入るための姿勢・身だしなみ・会話は、勉強をすれば身につきます。

「婚活をしていて、とにかくたくさん会っているんだけどチャンスがない」と言う人がいます。

その人を見ると、姿勢・身だしなみ・会話がドンマイです。

本人はまったく気にしていませんが、「今日その格好でよくここへ来られたね」「外を歩いてきたんだよね？」と驚くほどです。

こういう人が「自分にはなぜ恋人ができないか」という分析をすると、「出会いが少ないからだ」と結論づけます。

それに対しては、「あなた、それで出会わないほうがいいと思いますけど」とアドバイスしたくなります。

根本的な解釈が間違っているからです。

今は出会わないほうがいいのです。

その格好で出会うと、よけいに嫌われます。

モテない男性とモテない女性に共通するのは、「自分がモテないのは出会いが少ないからだ」と思っていることです。

これは「今年は東大に落ちたけど、あと30回受けたらきっと通るに違いない」という勘違いと同じです。

スポーツのプロテストでも、「可能性的にたくさん受ければ通るだろう」と思う人はムリです。

まず必要なのは、練習です。

会話のテクがなく、自分の話しかしない人は、何回会っても嫌われます。

グチ・悪口・ウワサ話をするだけの人とも会わないほうがいいのです。

いいなと思っている人と遠距離になって、「やっぱり距離は乗り越えられないですかね」と言う人がいます。

距離はまったく関係ありません。

今、低いレベルの自分で会うより、相手と距離を置いたほうがいいです。

数カ月に一遍《いっぺん》しか会えない時は、自分をレベルアップするための修業ができるいいチャンスなのです。

タブーを破るチャンス

10

姿勢・身だしなみ・会話を勉強しよう。

第2章

「言いなりになりたい」男とつきあおう。

11

モテる仕事でも、モテる男とモテない男に分かれる。

モテない男が勘違《かんちが》いしているのは、

「自分がモテないのは、モテない仕事をしているからだ。モテる仕事をすればきっとモテるに違いない」

「女性との出会いも少ないし、女性から見た時になんとなくカッコいい仕事ではないから、女性から見てカッコいい仕事につけばきっとモテるに違いない」

と思うことです。

これが、どうでもいい部屋で起こる「モテる仕事につきたい地獄」現象なのです。

『パイレーツ・ロック』というイギリス映画があります。

1960年代のイギリスでは、ポピュラーミュージックはラジオ局で1日に45分までしか流せませんでした。

そこで、海賊《かいぞく》放送局ができました。

文字どおり海賊船のように、お上《かみ》の取り締まりをかいくぐって、船から1日中ポップスを流していました。

若者たちはみんなそのFM局を聴いていました。

1日中流しているので、その船に乗っているのは全員DJです。

週末にはファンの集《つど》いがあります。

ファンが船に乗り込んできて、モテモテになるのです。

主人公の男子高校生のカールは、

「その船に乗ったらモテモテになるに違いない」

と思いました。

ところが、モテる船の中でも「モテる組」と「モテない組」に分かれていました。

それが現実です。

モテる職業をしているのにモテないのは、もっとつらいです。

モテない職業でもモテる人はいるし、モテる職業でもモテない人はいるのです。

「自分がモテないのは仕事のせいだ」と仕事の責任にしないことが大切なのです。

タブーを破るチャンス

11

仕事で満足しない。

12

いい女は、モタモタしている男とは、つきあわない。

『パイレーツ・ロック』の主人公カールは高校生で童貞です。

ビル・レイ扮《ふん》する艦長が、姪《めい》っ子の超かわいいマリアンを紹介してくれました。

マリアンは積極的で清純な女子高生です。

いい女は、高校生の時から、いい女なのです。

柱に背中をもたれ、片足を上げて、唇をかみしめるというそそるしぐさを知っています。

カールは、先輩からコンドームを借りて持っていました。

それを先輩にばらされて見つかったものだから、「これは違うんだよ」と言って海に捨ててしまいます。

すると、マリアンが「なんで捨てるの？」と言いました。

まじめなカールとしては、コンドームを持っていることが見つかると、下心が見つかったようでいけないことだと感じて、言いわけのために海に捨てたのです。

そのコンドームは、先輩が「1個しかない」と言ったものを借りてきたものです。

カールは、「マリアン、ここで待っててね」と言って、船で一番モテている男ギャビンのところへ行きました。

カールが「コンドームありますか」と言うと、ギャビンに「いよいよおまえもその時が来たか。優しくしてやれよ」と言われました。

モテる男は言うこともカッコいいのです。

カールがコンドームを握《にぎ》りしめて戻ると、先輩とマリアンがセックスした後でした。

マリアンは、「ごめんね」と明るく言いました。

この映画のメッセージは、全編において「これが現実」です。

恋愛は、厳しい現実なのです。

それをまず受け入れる必要があります。

主人公はモタモタしていたのです。

マリアンは「コンドームがないとできない」と言っていたわけではありません。

しかも、マリアンは初体験でした。

先輩に「ごめん」と言われたカールが、「先輩、コンドームはないって言っていたじゃないですか」と言うと、「ないよ。おまえにあげたのがラス1だから」と言われました。

先輩はデブっちょでカッコよくありません。

カールにとって、いろいろつらい状況が重なっています。

まだ先輩が船で一番のモテモテなら、仕方がないと諦《あきら》められます。

デブっちょでカッコよくない先輩に負けた原因は、スピードです。

彼女を置きっ放《ぱな》しにして、その場を離れたからです。

いい女は、モタモタしている男は切り捨てるのです。

モタモタしている男を待たないマリアンは、いい女です。

モタモタしている男を待っていても、いいことはありません。
映画では、呆然《ぼうぜん》としているカール少年を、モテない組の男たちが集まってみんなで慰《なぐさ》めてくれるのです。

タブーを破るチャンス

12

モタモタした男を、切り捨てよう。

13 いい女は、「言いなりになりたい男」に、結婚を求めない。

映画『パイレーツ・ロック』で、モテない組のサイモンの結婚が決まりました。

船で2人の結婚式をしました。

みんなは「どうせ超ブスに違いない」と思っていました。

ところが、乗ってきた花嫁エレノアは、超かわいかったのです。

モテない組にとっては、サイモンは希望の星です。

陸に行った時に知り合った超かわいい子と、1週間で結婚が決まったのです。

モテない組としては、「そういうことがあるなら、自分にも何かチャンスがあるに違いない」と期待します。

FMラジオで、結婚式の様子を放送しました。

その時の艦長の挨拶《あいさつ》がシャレています。

「花嫁は花むこ専用です」という注意がありました。

現実社会は何が起こってもおかしくないからです。

新郎だからと言って、モタモタしている男は負けます。

やっと結婚できたモテないサイモンが、初夜に「幸せにするよ」と、いざベッドに連れて行こうとすると、新婦エレノアに「ちょっと待って。その前にお話が」と言われました。


「私、恋をしたの」

「僕にでしょう。僕も君に恋してるよ」

「いや、違うの。ギャビンと」

「いつ？　今日、乗ってきたばっかりじゃない。僕、1週間前に会ってるよね。ギャビンに会ったのは今日だよね」

「あなたに会う1週間前、彼に恋をしたの」

エレノアが恋をしたギャビンは、「言いなりになりたい男」だったのです。

エレノアはさらに続けて、

「ギャビンって、一緒にいたいけど結婚とかしない人じゃないですか。それで思いついたのよ。私、あなたと結婚したら、彼と毎晩エッチができるって。

すごくいい案だと思わない？

あなたとも仲よくするわよ。たまにはお茶でもしましょう」

とニコニコ話しました。

この話は、ラジオで流されました。

「グッドニュース・アンド・バッドニュースがあります。

グッドニュースは、なんとサイモンが結婚することになりました。

悲しいお知らせは、17時間で破局しました」

新婦エレノアは、いい女です。

大切なのは、「言いなりになりたい男」と「結婚すること」ではなく、「つきあうこと」だったのです。

結婚よりももっと上のものを求めるのが、いい女なのです。

タブーを破るチャンス

13

結婚よりも上のものを求めよう。

14
男性の普通の声は、女性には怒って聞こえる。女性の普通の声は、男性にはキーキー聞こえる。

「言いなりになりたい男」は、声が違います。

映画『パイレーツ・ロック』に出てくるのはＤＪです。

これが重要なポイントなのです。

会話の中で大切なのは声です。聴覚は視覚よりも先に発達します。

男性はまず、女性の胸、足、ウエストを見ているように感じますが、実は女性の声を聞いているのです。

視覚よりも聴覚が優先です。

女性はもちろん男性を声で判断します。

これは原始時代からの習慣です。原始時代にセックスする時は、夜の洞窟《どうくつ》の中で真っ暗闇なので何も見えませんでした。

そこで男性が普通の声で話すと、「なんであの人は私に怒って言うんだろう」と女性には怒っているように聞こえたのです。

男性は別に怒っているわけではありません。

現代でも同じようなことがあります。

たとえば、ドライブデートをしました。

カーナビがついていて、女性が助手席に座っています。

彼女が「さっきのところ、曲がるんじゃなかったの?」と言うと、彼氏が「ちょっと黙《だま》っててくれる?」と言いました。

男性は、普通のトーンで「ちょっと黙っててくれる?」と言っただけです。

ところが、女性からすると「今なんか怒られた」と感じるのです。

運転中の彼に「さっきのインターチェンジでこっちに入らなければいけなかったん

じゃないの？」と言うと、高速道路を走る車の中という逃げ場のない状況で「ちょっと黙っててくれる？」と言われます。

特に男性は、運転の仕方や道順についてツッコまれることに抵抗があるからです。**男性にとって屈辱《くつじょく》的なのは、方向音痴《おんち》と思われることです。**

「役立たず」「方向音痴」と言われると、一番ショックを受けるのです。

女性が「さっきのところ、曲がるんじゃなかったの？」と普通に言っても、男性にはキーキー聞こえます。

レストランに行って、隣に女性の集団がいると、男性はキーキー聞こえてうるさく感じます。

女性は、普通に話しているだけです。

『パイレーツ・ロック』のＦＭ海賊船の中で一番モテる男は、マークです。

ファンの集いには、１００人のファンが船に来ます。

帰る時間になり、「そろそろ下船時刻なので、皆さん甲板《かんぱん》に集まってください」と言うと、50人しかいません。

しかも男性ばかりです。女性50人が戻ってこないのです。

女性は全員、マークの部屋でハダカになっていました。

最後に船が沈みそうになって、モテない男が「マーク、モテるにはどうしたらいいんだ？」と聞くと、「よけいなことを話さないことだよ」とマークは答えました。

マークは、無口なＤＪなのです。それがそそるのです。

モテない男は、ウケようと思って必死に話します。

普通に話しているだけでも、男性の声は怒っているように女性には聞こえる。

女性の声はキーキー言っているように男性には聞こえていることに、まず気づくことです。

男性も女性も、静かにゆっくり話すことがモテるコツなのです。

タブーを破るチャンス

14

静かに、ゆっくり話そう。

15

「言いなりになりたい男」は、質問しない。いい女は、「言いなりになりたい男」に質問しない。

「言いなりになりたい男」の会話の特徴は、質問がないことです。

「今日、何が食べたい？」

「プレゼントは何が欲しい？」

「どこに行きたい？」

「何が好き？」

「日曜日は何してるの？」

と、質問の多い男性はめんどくさいです。

これを「アンケート男」と呼びます。

どうでもいい部屋の弁護団は、「いろいろ聞いてあげるのは優しさだ。本に『女性の話を聞いてあげよう』と書いてあった」と言います。

この解釈は間違えています。

ウッディ・アレン監督の映画『それでも恋するバルセロナ』では、アメリカの2人の大学生がバルセロナに卒業旅行に行きます。

ヴィッキーはまじめな女の子で、まじめな婚約者がいます。

こういう子の友達は、たいていぶっ飛んでいます。

もう1人は、スカーレット・ヨハンソン扮するクリスティーナという冒険好きの女の子です。

2人でバルセロナに行くと、クリスティーナは男性を紹介されました。

その男性は「お金儲《もう》けが人生の夢で、50歳でリタイアして悠々自適の暮らしをしたい」というつまらない話をする人で、まったくピンと来ません。

そんな時に、画家のファン・アントニオと知り合います。

美人の奥さんと離婚する時に暴力沙汰《ざた》になったような悪名高い男です。

「あの男だけはやめておいたほうがいい」と言われますが、画廊《がろう》で知り合った後、レストランに行くとアントニオがいました。

チラチラ見ていると、アントニオが2人に声をかけに来ました。

ためしに、「この時になんて声をかけるか」と聞いてみました。

どうでもいい部屋の「アンケート君」は、

「さっき、個展にいたよね。どこから来たの？」

「2人はどういう関係？」

「ここには何しに来ているの？」

「いつまでいるの？」

「みんなとこれから一緒にごはんを食べない？」

「どこに泊まっているの？」

と声をかけました。

アントニオは、まず「アメリカン？」と聞きました。

次に、クリスティーナに「君の目は何色かな」と聞きました。

普通、こんな質問はしません。

アントニオが「これからオビエドに行くけど、一緒に行こう」と言うと、堅物《かたぶつ》のヴィッキーは怒りました。

「オビエドってどこ？」

「1時間ぐらい飛行機で行ったところ」

「そこで何するの？」

「そこにインスパイアされる彫刻《ちょうこく》があるから、それを一緒に見よう」

「わざわざそんなものを見るために、飛行機に乗って日帰りでそんなところに行かなくちゃいけないの？」

「日帰りじゃないよ。泊まりだよ。町を案内して、おいしいごはんを食べて、愛し合うんだよ」

「誰と誰が？」

「3人で」

「尻軽女《しりがるおんな》と見ないでね。そういうのはよそへ行ってやってください」

「なんで誘《さそ》われて怒ってるの？　人生は短いのに」

この2人の会話を聞いていたクリスティーナが「私、行ってもいいかな」と言いました。結局、3人でオビエドに行くことになりました。

ポイントは、誘う時に「一緒に行かない？」と言うか「一緒に行こう」と言うかです。

「ホテル行かない？」と「ホテル行こう」とは、違います。

「行かない？」という言い方は、相手への優しさがあるように見えて、実は責任転嫁《てんか》で、優柔不断《ゆうじゅうふだん》さがあらわれているのです。

タブーを破るチャンス 15

会話の省略を楽しもう。

16

いい女は、「言いなりになりたい男」をリラックスさせることができる。

「言いなりになりたい男」は、外で戦っています。

いい女と一緒にいると、キンキンにまわっているエンジンをスローダウンできます。

クールダウンしようとして、いい女を求めるのです。

どうでもいい部屋にいる男性は、戦争をせずに穏《おだ》やかな暮らしをしています。

そのため、女性といる時ぐらいは興奮しようとします。

どうでもいい部屋にいる男性は、「言いなりになりたい男」と求めることが違うのです。

キーキー声は、男性にとってストレスです。
いい女になるためには、男性にストレスを与えないことが大切なのです。

タブーを破るチャンス 16

ストレスを与えない。

17

いい女は、「言いなりになりたい男」の好きな行為より、嫌いな行為を知っている。

最初に覚えるのは、「言いなりになりたい男」の好きな食べ物と嫌いな食べ物です。
これは簡単に覚えられます。
好きな行為と嫌いな行為は、なかなかわかりません。
食べ物に関して、何が好きで何が食べられないかは、会話のやりとりでわかります。
お寿司屋さんに行くと、よく「苦手なモノはなんですか」と聞かれます。
ところが、好きな行為と嫌いな行為は、お寿司屋さんに行っても聞かれません。
嫌いな行為は、一緒にいる間に早く感じとる必要があるのです。

たとえば、集中している時に話しかけられるのが嫌いな男性の画家がいます。

残念な女は、男性が集中している時でも平気で話しかけます。

こういうタイプは、芸術家の彼女になるのはムリです。

自分が話したい時に勝手に話しかけて、返事がないと「芸術家は気むずかしい」と言うのです。

つきあい始めの恋人同士は、相手の好きな行為を覚えれば大丈夫です。

長くつきあうためには、相手の嫌いな行為を覚えればいいのです。

相手の嫌いな行為をしないことは、好きな行為をすることよりはるかに大切です。

これは、本には書いてありません。

1人1人違うからです。

キーキー言われるのが嫌いで静かにしてほしい人もいれば、時間に遅れるのが嫌いな人もいます。

遅刻されるのは平気な人もいれば、約束の30分前に来てもらわないと困るという人もいます。

映画も、どんなにつまらなくても最後まで見ないとイヤだという人もいれば、途中で出たいという人もいます。

これは好き嫌いであって、正しいか間違っているかではありません。

映画は、最後まで見なければならないものではありません。

つまらない映画は、途中で出なければならないものでもありません。

個人の好き好きです。

1冊の本を最後まで読んでから次の本を読み始める人もいれば、2冊、3冊を並行《へいこう》して読む人もいます。

「これをすると相手のストレスになるんだな」ということを、早く覚えることです。

相手は、「それ、僕嫌いなんだよね」とは言ってくれません。

食べ物は残すのでわかります。

「今、相手が明らかにイヤだと思っているな」と自分で気づくのがいい女です。

たとえば、自分が好きなテーマの話をしている時に、相手がずっと黙っていました。

「相手はこの会話に飽きているな」と思った時は、その話を早くやめればいいのです。

自分だけが話したい話題を延々《えんえん》と続けないことです。

彼の好みより、彼の嫌いな行為を知ることが、つきあいを長続きさせるコツです。

「出会いはあるんだけど、長続きしない」と言う人は、好きな要素で勝負しようとしているからです。

それよりは、相手の嫌いな行為をしないことです。

「それだけはしてはいけない行為」の地雷《じらい》を踏《ふ》むと、アウトになります。

仕事での上司や得意先とのつきあい方でも、逆鱗《げきりん》に触れないことが大切なのです。

タブーを破るチャンス 17

「嫌いな行為」を知ろう。

18

「言いなりになりたい男」は、普通の男と女のやっかみから、評判が悪い。

「言いなりになりたい男」は、男の敵です。

すべての女性を持っていかれるからです。

どうでもいい部屋にいる人は、「あの男だけは、ダメ」と言います。

そう言われることによって、女性はよけいに意識します。

たとえば、カップルで道を歩いていました。

いい男が歩いているのを見つけた彼氏は、彼女が見てもいないのに「そっちに行くな」と手をひっぱりました。そうすると、彼女は「なんでひっぱられたのかな」とよけい気になって、いい男がいるほうを見ます。

結果として、自分で墓穴《ぼけつ》を掘ってしまうのです。

評判が悪くなる原因は、やっかみです。

「言いなりになりたい男」は、評判は一つも気にしません。

「いいね！」なんか集めていないからです。

むしろ、ノートリアスなこと（「あの男だけは、ダメ」という悪名の高さ）を誇りに思っています。

「あの男だけはやめておけ」と言われる人が一番モテるのです。

「言いなりになりたい男」は、決して悪いわけではありません。

ただ、ほかの男性に女性がまわってこなくなるだけなのです。

女性でも、「言いなりになりたい男」の悪口を言う女性がいます。

相手にしてもらえなかったハライセです。

ハライセを言ってしまうことで、ますます女の格を下げてしまうのです。

タブーを破るチャンス

18

「あの男だけは、ダメ」と言われる男とつきあおう。

19

いい女は、安定よりも、スリルが好き。

安定を求めるのは、残念な女です。

残念な女は、「スリルも欲しいけど、安定も欲しい」と言うのです。

スリル50％、安定50％というのは、現実にはありません。

「スリル50％、安定50％がいい」と言う人は、実は安定を求めているのです。

どうでもいい部屋には、安定的な男性がより取り見取りで余《あま》っています。

彼らには、スリルはありません。

彼らは、スリルが嫌いです。

男性でも、安定が好きな人はいます。

男性はスリルが好きで、女性は安定が好きというわけではないのです。

スリルが好きな男性とスリルが好きな女性、安定が好きな男性と安定が好きな女性がいるだけです。

スリルと安定は、真逆のことです。

自分がどちらを求め、相手はどちらを求めるかです。

どちらを求めても、ふさわしい相手は見つかるのです。

タブーを破るチャンス

19

安定を求めない。

第3章

秘密が多いほど、いい女になれる。

20

ドライブでケンカにならなければ、つきあっていける。

ドライブしてケンカになるような2人は、長続きしません。
つきあうことは、ドライブするのと同じです。
ドライブは、リスキーなことなのです。
ドライブでムリなら、海外旅行もムリです。
今までは、成田離婚がありました。
今は、ドライブ離婚です。
道を間違えただけで、そこから険悪《けんあく》な空気になるのです。
いい女は、道を間違えてもニコニコ笑っています。

「だから、さっきの道って言ったじゃない」というのは、正しさを主張しているだけです。

いい女は、道に迷うことを楽しめます。

「このまま2人で行方《ゆくえ》不明《ふめい》になりたい」と言われたら、男性はうれしいです。

運転中の男性は、「ちょっとこの道に来たのはヤバいかな」と思ってもナビにさわれない時があります。

よく「おや?」と思う瞬間は、インターチェンジでふたたまたに分かれている場所です。

左側を走っていればいいとわかっている時に、立体交差で左に行った道が下を通って右に行くことがあるからです。

その時、ナビで確認したいと思っても、ぐらついているところが彼女にバレるのが情けなくてできないのです。

頭の中では、必死に戻るコースを探っています。

そんな時、女性からの「迷った?」というひと言で、どうでもいい部屋の男性はアウトです。

「言いなりになりたい男」は、迷っても動揺《どうよう》しません。

迷うことを楽しめるからです。

迷うことは、悪いことではありません。

迷った時に、あたふたするのがつらい状況なのです。

迷ったことを楽しめばいいのです。

残念な男は、迷っていることがバレて、「ダンドリが悪い、道もよくわからない方向音痴な男だ」と思われては男の沽券《こけん》にかかわると考えています。

そのために、「これでいいんだ。ちょっと黙っててくれる?」と、迷っていることを隠そうとするのです。

ドライブをしていると、渋滞になることもあります。

渋滞になってもニコニコしているのが、いい女です。

渋滞になった時に「だから抜け道に入っちゃダメだって」と言うのは、残念な女です。

男性が「混んでても抜け道があるんだよ」と言って抜け道に入ると、その道も渋滞している場合があります。

抜け道は細いので、取り返しがつきません。

この時に「ダンドリが悪い」と言われると、残念な男はカチンと来ます。

一番言われたくない弱点だからです。

いい女になるコツは、道に迷っても、渋滞になっても楽しめることなのです。

タブーを破るチャンス

20

道に迷うことを、楽しもう。

21

男性が女性に言われて、うれしい言葉は20しかない。

「男性が言われてうれしい言葉」があります。

「こんなの初めて」

「なんでも知っているのね」

これに加えて、「教えて」と言うと、ダメ押しになります。

「好きすぎて、もうダメ」は、「好き」で終わらせないことがポイントです。

「一緒にいるのが、一番楽しい」は、渋滞でも、道に迷っても楽しめるということです。

「素敵な仕事」は、男性が仕事の話をした時に、「なんでそんなことをしているの？」「それって食べていけるの？」とは言わないことです。

男性が女性に言われてうれしい言葉

①「こんなの初めて」
②「なんでも知ってるのね」「教えて」
③「カッコいい」→「カッコいいと大変ね」
④「頼りになる」
⑤「好きすぎて、もうダメ」
⑥「一緒にいるのが、一番楽しい」
⑦「素敵な仕事」
⑧「なんかドキドキする」
⑨「顔を見たらホッとした」
⑩「優しい」
⑪「すごい」
⑫「内緒だよ」
⑬「鍛えてるの?」
⑭「気がきくよね」
⑮「○○さんの前だと、素になれる」
⑯「自分からは、初めてよ」
⑰「オーラ、ありますね」
⑱「○○さんだけにしか言えない」
⑲「好きにしていいよ」
⑳「タイプです」

「なんかドキドキする」と言われると、男性はこれだけで、「プレゼント買っちゃおうかな」と思います。

「顔を見たらホッとした」は、会った瞬間に言われると、うれしいのです。

「優しい」と言う場面は、いろいろあります。

たとえば、ごはんを食べていて、椅子《いす》の背もたれにかけていたコートが落ちました。それを拾って、ゴミを払ってあげました。

この時は「ありがとう」ではなく、「優しい」と言えばいいのです。

おんぶされている赤ちゃんの靴下が落ちたのを彼が拾ってあげました。その時に「偉《えら》い」と言うのは、上から目線で「グッジョブ」と言っているようなものです。

それよりは、「優しい」と言われたほうが男性はうれしいのです。

「すごい」は、本当にほめることがない時に言うセリフです。

「内緒だよ」は、誘われた時に使えます。

「今度ごはんを食べに行こう」と言った時に、「内緒だよ」と言われた男性はうれしくなります。

そこで「友達もみんな誘うから」と言われると、悲しくなります。

「鍛《きた》えてるの？」は、優しく静かに言うことが大切です。

強い口調で「鍛えてるの？」と言わないことです。

このバリエーションとしては、「何かスポーツしていたでしょう」と言われると、それだけで男性はうれしくなります。

「文化部でしょう」「鉄道研究会でしょう」と言われるより、ずっといいのです。

この時に、「スポーツは何をしていたんですか」と聞くのはNGです。

質問だからです。

それよりは、「スポーツしていたの、わかります。ボクシングでしょう」と言えばいいのです。

「自分からは、初めてよ」は、自己申告なのでウソ八百でかまいません。

毎回初めてでいいのです。

男性は、「初めて」にしがみつきます。

「本当か？」と思っても、「初めて」を信じます。

「オーラ、ありますね」は、オーラの薄い人に有効です。

オーラのある人は、言われ慣れているからです。

これは、仕事の場で活用できる言葉です。

「〇〇さんだけにしか言えない」は、頼みごとをする時に使えます。

男性は「そうか。しようがないな」と言いながら、それを誰にも言わないので、たとえ全員に言っていてもバレません。

「好きにしていいよ」も、冷たく言わないことです。

「好きにしなさい」では、冷たく聞こえます。

これのバージョンアップ版は「好きにしてください」です。

ただし、冷たく「もう好きにしてください」と言うと、最後通牒《つうちょう》になってしまいます。

「タイプです」は、あえてカッコよくない男性に使えます。

「こんな僕でいいの？」と言われた時に、「タイプです」と言えばいいのです。

これは、初対面で言うと効果抜群《ばつぐん》です。

実際、いい女は仕事もできます。
仕事の現場では、女性よりも男性のほうが多いです。
男性が言われてうれしい言葉は、この20個以上はありません。
英単語を覚えるより、はるかに簡単です。
これでイニシアチブを握ると、イヤな男性をひとひねりで操《あやつ》れるのです。

タブーを破るチャンス

21 仕事でも、男性を操ろう。

22

女性が男性に言われて、うれしい10の言葉。

女性が言われてうれしいほめ言葉は、無限です。

無限だから、10個しか挙げられないのです。

「品があるね」「センスがあるね」「信頼されてるね」「好かれてるね」は、ルックスは関係ありません。

「美人だね」からは、ルックスと関係がある言葉になります。

女性が言われてうれしいほめ言葉の10個を覚えるのは簡単です。

ただし、ここからが問題です。

女性が男性に言われてうれしいほめ言葉

①「品があるね」
②「センスがあるね」
③「信頼されてるね」
④「好かれてるね」
⑤「美人だね」
⑥「頭がいいね」
⑦「かわいいね」
⑧「仕事ができるね」
⑨「スタイルいいね」
⑩「優しいね」

たとえば、「品があるね」と言った時に、「ありがとう。たとえばどこが？」と聞かれます。

この時に、男性はダウンします。

「今、ほめて終わったでしょう」と思うのです。

完全に油断していたところにクロスカウンターが入った状態です。

「たとえば？」というのは、女性は必ず聞きます。

男性は、考える時間を稼ぐために「それはたくさんありますよ」と言います。

この時点でアウトです。

「全部」「いつも」と言う人は、相手のことをきちんと見ていません。

男性は、「タイプです」と言われた後、「たとえば？」「どこが？」とは聞きません。

自分の中で、すでに酔っているからです。

むしろ具体例を挙げてほしくないのです。

漠然《ばくぜん》としたイメージの中に浸りたいのです。

「オーラ、ありますね」と言われても、「どこが？」と聞く男性はいません。

夢を壊《こわ》したくないからです。

具体的に聞くと、自分のイメージとズレた時にショックを受けます。

「タイプなのか」と漠然と味わうことが喜びなのです。

男性は、この10個の女性が言われてうれしいほめ言葉を使う時は、即クロスカウンターが来ることを覚悟しておけばいいのです。

タブーを破るチャンス

22

具体的に、ほめよう。

23

「言いなりになりたい男」は、一流ホテルに1人で泊まる。

たとえば、ふだん一流ホテルに泊まっていない男性が、デートのために女性を一流ホテルに誘いました。

本当はラブホテルにしたかったところを、女性のために頑張ったのです。

出費もムリしています。

そうすると、一流ホテルでの立ち居ふるまいがわかりません。

慣れていないように見られたくないと思うと、その裏返しで横柄《おうへい》な態度になります。

これは、一流レストランでも同じです。

ふだん、一流レストランに行き慣れていない人が、デートのために手段として行くことがあります。

残念な男は、女性に対するエサとして連れて行くのです。

そういう人は、トイレと間違えて厨房《ちゅうぼう》に入り、お店の人に「お客様、そちらは……」

ととめられます。

「ここにいい店があるんだよ」と言いながら、引戸《ひきど》をガラッとあけると、座っている
お客様と目が合ったりします。

本来は入口として使っていないほうの引戸をあけてしまったのです。

人によっては、のれんをガタガタッと落とすこともあります。

これは、ふだん行っていないお店だから起こることです。

たとえば、デートの後に女性と泊まるホテルを予約していました。

ディナーをごちそうした後、女性が「今日は帰ります。今度また誘ってください」

と言いました。

そこで、「女性が帰るなら使う必要はないから」とホテルをキャンセルするのは残念な男です。

たとえ女性が帰ることになっても、「僕は泊まるから、明日の朝ごはんでも一緒に食

べようか。いつでも戻っておいで」と言って、1人で悠々と過ごせばいいのです。
ホテルに1人で泊まっても、誰か来る人がいないかと電話をかけまくるのは、どうでもいい部屋の地獄にいる男性です。

一緒に泊まらないことにムッとして、女性を駅まで送りません。その後、電話をかけまくると、「今、彼とケンカしたから行く」という女性が1人つかまりました。

部屋のチャイムがピンポンと鳴ったので、のぞき窓から見ると、最初にデートした女性が戻ってきていました。

残念な男は「ごめん、もう寝ちゃったんで、今度ね」と、女性を部屋に入れません。女性はせっかく戻ってきたのに、怒って帰ってしまいました。すると、来ることになっていた女性から電話がかかってきて、「やっぱり彼氏と仲直りしちゃったから、今度また誘ってね」と言われました。

残念な男は、怒って帰った女性に電話をして「今起きて目が覚めちゃったから、今から来ない？」と、懲《こ》りずにまた誘いました。

まるで地獄のような悲惨《ひさん》な出来事です。
そうならないためには、1人でも悠々と泊まればいいのです。

タブーを破るチャンス

23

1人でも一流ホテルに泊まる男とつきあおう。

24

いい女は、「言いなりになる男」に、興味はない。

「『言いなりになりたい男』になろう」と言うと、どうでもいい部屋から「僕、言いなりになりたい男です」と言う人がいます。

それは、「言いなりになる男」です。言葉を取り違えているのです。

「自分が言いなりになる男」と「相手が言いなりになりたい男」とでは、まったく違います。

世の中には、「言いなりになる男」はたくさんいます。

いい女は、「言いなりになる男」に興味がありません。

自分の言いなりにならない男を求めているからです。

「自分の言いなりにならない男」の言いなりになりたいのです。

ところが、どうでもいい部屋にいる人は、優しい男性がモテると思い込んでいます。

女性に対して、お誕生日とクリスマスの付け届けを必ずして、送り迎えもし、日々のメールやＬＩＮＥも欠かしません。

それで女性にモテないと、「レスポンスも必ず1分以内にしているのに、何がいけないんだ」と文句を言います。

「〇〇買って」と言われると、楽天で注文したかのように、そのモノをすぐに早く届けるというのは、単に女性の言いなりになっているだけです。

男性としては、「言いなりになることでつきあってもらえる」という幻想《げんそう》を早く抜け出すことです。そうしないと、いい女とはつきあえないのです。

タブーを破るチャンス 24
「言いなりになる男」を切り捨てよう。

25

いい女は、めくるめく体験をブログに書かない。残念な女は、ブログに書くために体験する。

いい女にも、見られたくないところと見られたいところがあります。

残念な女は、見られたいところを出して、見られたくないところを隠します。

いい女は、見られたいところを隠して、見られたくないところをさらけ出します。

一番目立つのは、隠しているところです。

結果として、残念な女は、見られたくないところもバレているのです。

残念な女は、ブログに書くためにパーティーに行き、そこで有名な人と写真を撮ります。

タブーを破るチャンス

25

ブログのために体験しない。

レストランに行くのも、ブログに書くためです。

おいしい料理を味わったり、そこから何かを学ぶためではありません。

料理の写真を撮るために、レストランに行くのです。

「こんなオシャレなパーティーに行っています」

「こんな有名人と一緒に写真を撮っています」

「こんなおいしいモノを食べています」

という出来事を、ブログに残そうとしているだけです。

ブログが「主《しゅ》」で、自分は「従《じゅう》」です。

そのわりには、自分の写真は横向きで、顔はほぼわかりません。

顔を正面から撮れないので、奇跡《きせき》の1枚のような写真です。

しかも、何年も前の写真を載せたりするのです。

26

いい女でなければ、言いなりにしてもらえない。

「私は言いなりになんか、なりたくありません」と言う人がいます。

大丈夫です。

そういう人は「言いなりになりたい男」からは選ばれないからです。

言いなりを「つらい」「寂しい」「楽しくない」と思う人には、大部屋にちゃんと相手がいます。

「自分の言いなりになる男」なら、より取り見取りです。

「言いなりになりたい男」という感覚が、直感的に理解できるのが大人です。

「言いなりになりたい男」は、成熟度が試《ため》される言葉です。

わからない人には、意味がわかりません。

タブーを破るチャンス

26 言いなりにしてもらえるように、磨こう。

言いなりにしてもらえるには、自分を磨《みが》いて成長することが必要です。

たとえば、レズの女性がカミングアウトした時に、「私はやめてください」と言うのは失礼です。

そもそもその人のことを選んでいないのです。

同性愛でも、人を選びます。

言いなりにしてもらえるかどうかも、それと同じことなのです。

27

いい女は、「私には、失礼なことをしていいよ」と言える。

松尾スズキさん監督の『ジヌよさらば』という映画があります。

主人公の阿部サダヲは元警察官で、そのために恋人を殺し屋に殺されたという過去があります。

今は、福島の田舎《いなか》に引越して町長をしています。

奥さんの松たか子に、死んだ恋人を思い出して泣いているところを見つかります。

奥さんとしては、つらいです。

自分が今ここにいて、夫婦として暮らしているのに、昔の女を思い出して夫が泣いているのです。

松たか子は、最初は「失礼だ」と怒ります。

これはよくわかります。

ところが、「私には、どんな失礼なことをしてもいいよ」と言うのです。

これで完全に「特別な女」になります。

「失礼だ」と怒っている女は、残念な女です。

いい女は、普通なら一番イヤなことでも乗り越えられるのです。

「特別な存在にして」と求めることでは、特別な存在になれません。

他の女性なら怒ることを、許せる特別なことをすることで、みずから特別な存在になるのです。

タブーを破るチャンス

27

ほかの女と一緒に怒らない。

第4章

いい女は、成り行きを楽しめる。

28

残念な女は、尻軽女と見られることを恐れている。いい女は、チャンスを逃さない。

残念な女はフットワークが悪いのです。

尻軽女に見られたくないからです。

これでチャンスを逃します。

自分を鍛える「言いなりになりたい男」は、ヒマではありません。

仕事命、自分を磨くこと命です。

「エー、どうしようかな。あなたのこと、まだよく知らないし」と言っている間に、いなくなります。

いい女は、最初のデートでしてしまいます。

ここでチャンスを逃さないのです。
映画『新宿スワン』で、ママさんが「判こを押す」というセリフがあります。
マンションを探す時も、「少し考えます」と言っている間になくなります。
いい物件ほど、とりあえず手付けを打っておいたほうがいいのです。
「尻軽」ではなく「腰軽」になるのがいい女です。

タブーを破るチャンス

28

最初のデートで、しよう。

29

「言いなりになりたい男」は、今、結論を求めない。

『それでも恋するバルセロナ』で、アントニオがクリスティーナ（スカーレット・ヨハンソン）をオビエドに誘います。

「一緒に行くけど、セックスするかどうかわからないわよ」と言われます。

ここで、「それは今、決めなくていい」と言えるのが、大人の男です。

「今、決めてくれないかな」と言う男は、ムダをしたくないのです。

「しないなら連れて行かないし、するなら連れて行く」というスタンスです。

残念な男は、ホテルを断られると、「5万円のお寿司をごちそうしたのに、なんだよ」と怒り出します。

残念な男のモットーは「泣かぬなら　5万円返せ　ほととぎす」です。

「しまった。最初に聞いておけばよかった」

「少なくとも時価のアワビを頼む前に聞いておけばよかった」

「お寿司に入る前に聞いておくのがベストだった」

と反省します。

「今日は勝負下着じゃないから、今度ね」と言われたら、とたんに回転ずしコースに変わるのです。


残念な男は、結論を先に持ってきます。


余裕が持てない相手には「ノー」しかないのです。

「結論を出せ」と言われたら、「ノー」です。

「それはそこへ行ってから考えればいい」と言われたら、「イエス」です。

いい男は、結論を先に求めないのです。

タブーを破るチャンス

29

余裕のある男とつきあおう。

30

「言いなりになりたい男」は、断った時に、優しい。

ホテルに誘う前は、どんな男も優しいのです。
誘って断られると、残念な男は急に冷たくなります。駅まで送らないのです。
お寿司屋さんで断られると、急に「お会計」と言うのです。
いい男は、「じゃ、今度何を食べに行こうか」と、これからの話ができます。
ここで、はっきり差がつきます。
お店の人は、そういうカップルをさんざん見ているのです。

タブーを破るチャンス 30

ノーの後、即、イエスを言おう。

31 いい女は、笑顔を「言いなりになりたい男」にとってある。

いい女は、むやみに笑顔を振りまきません。

まわりからは「怖い」「仕事の鬼」「鉄仮面」と言われています。

普通の恋愛映画は、男と女が出会って、ケンカして、仲直りするという構成です。

映画『ワンダーランド駅で』では、主人公の男と女が出会うのはラスト3分です。

それまでは、すれ違いの連続です。見ている側が、「やっと会えるのか」「まだここですれ違うのか」と、ハラハラします。

なかなか面白い構成です。

主人公の女性は、ニコリとも笑いません。

タブーを破るチャンス

31

誰にでも笑顔を見せない。

ハーバード大学の医学部を中退して看護師をしています。何か根性を感じます。

彼女はたくさんの男性に声をかけられますが、どれも満足できません。

ラスト3分のところで、ブラジル人のロマンチックな男性に誘われます。

ブラジルへ行く飛行機の中で、満員電車が苦手な彼女は気持ちが悪くなります。

そこでもたれかかった相手が主人公の男性です。

ふと顔を見上げて、彼女は初めてニコッと笑うのです。

ドラマ『MOZU』でも、西島秀俊さんは映画の中でずっと眉間《みけん》にシワを寄せてタバコを吸っています。

笑うのはラストだけです。

笑わない人は、笑顔をとってあるのです。

いい女は、自分が本当に「言いなりになりたい男」にだけ笑顔をとっておきます。

ほかの男には笑顔を見せないのです。

32
「言いなりになりたい男」は、「帰るね」と言うと、「歩いて行こう」と言える。

映画『ワンダーランド駅で』で、主人公の男と女が最後に一緒に駅で降ります。

彼女が「こんなに近くにきれいな海岸があったなんて、知らなかった」と言った後に、「そろそろ帰るね」と言います。

この時、彼は「じゃ、少し歩いて行こう」と言うのです。この余裕です。

「エッ、もう帰るの?」と言うのは、余裕がないのです。

残念な男は、「帰るね」という言葉を正直に受けとります。

「明日早いんですか。じゃ、帰らないと」と言って、本当に帰ってしまいます。

言葉の裏側にあるメッセージを受けとれないのです。

「そろそろ帰らないと」と言うのは、本当に帰らなければならないわけではありません。ひょっとしたら「早く部屋へ連れて行って」という意味のこともあるのです。

私の知り合いに残念な男がいます。いい人ですが、不器用で、会話が苦手です。

ドライブデートでも、ずっと無言です。40代にもなって、女性にプレゼントするペンダントを親に用意してもらうような男です。

大阪から南へ南へ、和歌山のほうへ向かっていく途中で、相手の女性は「ずっと黙っているし、どこまで行くのかな」と不安になります。

女性は「このままどこかホテルに入ってもらってもいいんだけど」ぐらいの気持ちで、「ちょっと疲れたかな」と言いました。

そのひと言で、彼は「じゃ、帰りましょう」と言ったのです。

本当は彼女のことを「いいな」と思っていたのに、用意したプレゼントを渡すヒマさえなかったのです。

タブーを破るチャンス

32

歩くのが好きな男と、つきあおう。

33 「言いなりになりたい男」は、自分とかかわった女性を幸せと言わせてみせる。

映画『新宿スワン』に、「自分とかかわった女は全員幸せだと言わせてみせる」というカッコいいセリフがあります。

残念な男は、常日ごろ「オレと出会った女は幸せだ」と言っています。

それは言葉が足りていません。

これから何かしようとしているわけでもないのに、そこだけ「オレ様」なのです。

「自分とかかわった女は全員幸せだと言わせてみせる」というのは、これから頑張ろうとしています。

女性にしてみると、その男が遊ぼうが浮気しようが、関係ありません。

大切なのは、自分を今いるところからハッピーにしてもらうことです。

残念な男は「僕は浮気していない。僕みたいな男とつきあうと、ラクで幸せだ」と言います。

いい男は「ごめんな。オレは今、どん底だけど、絶対に君を幸せにする」と言います。

「言いなりになりたい男」は、すでに成功して、お金持ちで、地位も名誉もある男ではありません。

「自分はお金もないし、社会的地位もないから、モテない」というのは勘違いです。

大切なのは、「幸せだと言わせてみせる」という覚悟があるかどうかなのです。

タブーを破るチャンス

33

どん底でも笑っている男とつきあおう。

34

いい女は、自分を受け入れないとわかっていても、「好き」と言うことを恐れない。

遊川和彦さん脚本のドラマ『偽装《ぎそう》の夫婦』で、「いい女は、自分を受け入れないとわかっていても、好きということを恐れない」というセリフがあります。

残念な女と残念な男の共通点は、結果を予測して行動を決めることです。いい女といい男の共通点は、結果の予測関係なしに行動することです。

「声をかけて断られそうだから、やめる」ということはしません。

たとえ相手が彼女と一緒でも、諦めずに「好き」と言います。

彼女に彼がいても、ひょっとしたら殴《なぐ》られるかもしれない状況でも、平気で誘います。

彼がいないところでこっそり誘う時点で、何かせせこましいのです。

そのこっそり感が、残念なのです。

タブーを破るチャンス

34

結果をビクビクしない。

35 いい女は、安心なんて求めない。

映画『新宿スワン』で、

「私が仕切りますから、ご安心ください」

と言う男に、ヤクザの親分の吉田鋼太郎さんが、

「安心なんていうのが、いかにムダか覚えておけ」

と言うシーンがあります。

仕事にも恋愛にも、「安心」などないのです。

「安心」というワードが出てくること自体、残念なのです。

安心しながら、ときめくことはできません。

いい女は、安心よりもトキメキを求めています。

残念な女は、「あなたといると、安心できない」と言います。

「安心」は、「どうでもいい」部屋にゾロゾロあります。

「より取り見取りで、どうぞ」という状態です。

「安心」はワゴンセールで売っています。

「トキメキ」は一品物なのです。

タブーを破るチャンス

35

安心にトキメキはないことに気づこう。

36

いい女は、恥ずかしい自分をさらけ出せる男とつきあう。

言いなりになりたい男とつきあうメリットは、恥ずかしい自分をさらけ出せることです。

あまり認めたくない自分の弱点、こっぱずかしい一面を出せるのです。これほどの快楽、これほどの安心はありません。

たとえば、本当はエッチなのに、まわりから清純派と思われている女性がいます。エッチな映画も見たいし、エッチな会話もしたいし、エッチなこともしたいのに、できないのです。

残念な男からは、「女がそんなことを言うもんじゃない」とか、「女のくせに遊んでるね」と言われます。

そんな男の前で、自分をさらけ出すことはできないのです。

タブーを破るチャンス

36

恥ずかしい自分をさらけ出そう。

第 5 章

いい男には、余裕がある。

37

いい女は、誘われるのなんか待っていない。自分から誘う。

誘われるのを待っていたら、永遠に誘われません。

いい女は、自分から誘います。

「いつまでたっても彼が誘ってくれないんです」

と言っている時点で、試合は終わっています。

残念な女には、「女性は誘われるものだ」という思い込みがあります。

「私はこんなにいい女なのに、なんで誘われないんですか」

と言うのです。

その考え方自体、いい女ではありません。

「言いなりになりたい男」のまわりには、女性はすでに余っています。
誘っているヒマなどありません。
誘ってくるのは、残念な男だけです。
残念な男のすることを、「言いなりになりたい男」に求めてはいけないのです。

タブーを破るチャンス

37

自分から、誘おう。

38

いい女は、恥をかくことを恐れない。

いい女は、自分の恥ずかしい部分をさらけ出せます。

残念な女は、とにかく恥をかきたくないのです。

誘って断られるとこっぱずかしいので、自分からは誘いません。

それでチャンスを失います。

結局、大部屋から来た者の中から選ぶことになるので、どれも帯に短したすきに長しで、パッとしません。

デートしても、つまらない男ばかりです。

それでいて、「私のまわりには、どうしていい男がいないの」と言うのです。

スポーツで言うと、「負けたくない」ということです。

負けたくないアスリートは、弱い相手と戦います。
トップを目指す人は、強い相手と戦います。

この違いです。

格下の相手と戦って断られると、なおさらショックです。

目線を下に下げると、つきあう相手のレベルはどんどん下がっていくのです。

タブーを破るチャンス

38

恥をかこう。

39

「言いなりになりたい男」は、すりこみタマゴで好きにさせたりしない。

『ドラえもん』は、大人向きの作品です。

映画『STAND BY ME ドラえもん』で、「すりこみタマゴ」という秘密道具が出てきます。タマゴに入って出てきた時に、最初に会った人を好きになるのです。

それを使って、のび太はしずかちゃんに好きになってもらおうとします。

ところが、そこはドタバタで、うまくいきません。

のび太ではなく、出木杉《できすぎ》君がしずかちゃんの前に来るのです。

出木杉君は、すりこみタマゴの話を聞いて、

「僕は帰ります。自分はしずかちゃんのことが好きだけど、こういう形で好きになってもらいたくない」と言います。

これが出木杉君の、できすぎなところです。でも、カッコいいです。

のび太はそれを聞いて、「好きになってもらうために手段をいとわないなんて、自分はなんて情けないことをしたのだろう」と反省します。

タマゴの力ではなく、自分の力で相手を好きにさせることを学習するのです。

お寿司に食べに連れて行ったり、ヴィトンをプレゼントしても、好きになったのはお寿司とヴィトンであって、その人ではありません。

「これは誰からもらったんだっけ。まあいいか」ということになるのです。

一晩クロゼットに入れておくと、「誰からもらった」は消えてしまいます。

残るのは「ヴィトン」だけです。

「フロム○○」と入っているヴィトンは、最初からいりません。

「このバッグはヴィトンさんからいただいた」ということになるのです。

タブーを破るチャンス

39

自分の力で、好きにさせてみせよう。

40

幸薄オーラを出すと、残念な男が寄ってくる。

残念な女は「幸薄《さちうす》オーラ」が出ています。

本人は気づいていません。

ため息をつく。髪の毛がほつれている。服にシワがある。猫背になっている。歩き方がトボトボしていることに、まったく気づかないのです。

きれいなのに幸薄オーラが出ている人がいます。

「こんなに私はきれいにしているのに、なんで?」と言うこと自体、幸薄です。

「自分は報われていない」

「何をしてもうまくいかない」

「お金がない」

「時間がない」

「男との出会いがない」

と思っているのです。

「お金がない」と言っている人に、お金は来ません。

そんな人に仕事を頼みたくないからです。

会うたびに「ヒマだ」と言っています。

「売れていないんですよ」と言う著者に、編集者は頼みたくありません。

いい男は、幸薄オーラが嫌いです。

残念な男は、幸薄オーラが好きです。

「昭和枯れすすき」のような幸薄感は、残念な男を吸い寄せていきます。

一種の共依存です。

幸薄オーラを出している女と残念な男は、ベストカップルです。

残念な女に「幸薄オーラが出ているよ」と指摘すると、「エッ」とびっくりしています。

自覚がないのです。

出会いがないのは、自分が幸薄オーラを出しているせいです。

それに気づかないで、「こうなったら、誰でもいいから結婚したい」ということになるのです。

タブーを破るチャンス

40

自分が「幸薄オーラ」を出していることに気づこう。

41

いい女は、明日はもっといい女になっていそうな余裕がある。

残念な女には余裕がありません。

「明日は、もっといい女になっていそう」

「明日は、きっといいことがありそう」

「今日より明日は、よくなっていそう」

「明日、目が覚めたら、もっといいことがありそう」

と思えるのが余裕です。

いい女は、前を向いています。

残念な女は、うしろを向いています。

「昔はよかったな。昔は私、けっこうモテたのに」と、そんなことばかり言っています。

同窓会に顔を出し、昔の仲間にメールをし、フェイスブックで昔の仲間や昔の彼を探すのです。

SNSは、前進するより過去にさかのぼることが多いのです。

つい「あの人、何をしているかな」ということをしてしまいます。

これが余裕のなさです。

残念な女は、前を向いて運転していないのです。

タブーを破るチャンス

41

いい女になりそうな余裕を持とう。

42

「言いなりになりたい男」は、セックスの前の食事も、セックスと同じくらい楽しむ。

本来、セックスと食事とに区別はありません。どちらも一緒に楽しむことです。
残念な男にとって、食事はセックスのエサです。
時間とお金を節約したいので、食事はないに越したことはないと思っています。
できれば前戯《ぜんぎ》も節約したいのです。
だんだん「10分散髪」のような世界になっていきます。
いい男と残念な男の境目は、食事を楽しめるかどうかです。
飲める飲めないとか、食事の値段は関係ないのです。
残念な男は、セックスのエサにするためには、1人2万円の店のカウンター席に座らないといけないと考えています。

値段は関係ないと言うと、「わかりました。回転ずしでできるなら安上がりだ」と言うのです。そんな話ではありません。

大切なのは、食べている間を、いかに楽しむかです。

エサで釣ろうとするのは、結局、お金を置いているのと同じです。

それなら風俗の店に行けばいいのです。

デートだけでなく、ふだんから「なんでもいいからカロリーがとれればいい」「腹が満たされればいい」という食べ方をしていると、だんだんつまらない男になっていきます。究極、1粒で満腹にできれば一番いいということになるのです。

食事を楽しむのは総合芸術です。その人の文化力が、すべて試されます。

食事をしながら、いろいろな話をするのが楽しいのです。

いい男は、教養があって、文化的な会話を楽しめるのです。

タブーを破るチャンス

42

食事を楽しめる男とつきあおう。

43

いい女は、食事の前に、セックスを楽しむ。

セックスはエサではありません。

会ったら、すぐにしていいのです。

その余韻《よいん》に浸りながら、おいしいものを食べます。

食事が終わったら、またします。

残念な男は、「食事の前にしていいんですか」と、びっくりします。

「した後に食事なんてムダだ。もう目的は果たしたんだから」と言うのは、大部屋仕込みの発想です。

レストランには、
① 食事を楽しんでいるカップル

② エサとして食事をしているカップル

という2通りがいます。

残念な女は、ごちそうにつられて、残念な男と食事をしてしまいます。

ごちそうだけ食べて、あとは断ればいいと思っているのです。

そんな食事が楽しいかということです。

その体験は、イヤなイメージとして残ります。

大切なのは、「何を食べたか」より、「誰と食べたか」です。

イヤなオヤジと食事をすると、おいしい料理にイヤなオヤジのイメージが張りつきます。

それなら1人で食べたほうがいいのです。

タブーを破るチャンス

43

食事の後にも、セックスを楽しもう。

44

「言いなりになりたい男」は、靴を踏まれても、コーヒーをこぼされても、顔色を変えない。

いい男は、何があっても、あたふたしません。
残念な男は、想定できないことが起こると、あたふたします。
そういう人は、フランス映画の話についていけません。
フランス映画は予想外の展開をするからです。
残念な男には『ホーム・アローン』がオススメです。
期待どおりのお約束の展開で、安心して見ることができるのです。
残念な男は、自分勝手なシナリオをつくり込んでいます。

たとえば、おいしいと評判の店に彼女を連れて行きます。

その日が定休日だったら、チェーン店に行ってしまいます。

自分のシナリオが崩れた時点で、「もうなんでもいい」と、やけくそになるのです。

「今日はホテルに行く」というシナリオで、彼女に「今度ね」と言われたら、「好きにしろ」と怒り出します。

残念な男は、お約束どおりのシナリオを1本しかつくっていないのです。

タブーを破るチャンス

44

あたふたしない男とつきあおう。

45

「言いなりになりたい男」は、矛盾したキャラを持つ。冷徹なのに、優しい。

「言いなりになりたい男」は、ひと言で言うと、矛盾したキャラを持っています。
優しいのか冷たいのか、わかりません。
冷たいのに優しい、コクがあるのにキレがあるというのが、人間の魅力です。
残念な女は、どちらかにはっきりしてほしいのです。
料理の味は、複雑であればあるほど高級です。
甘いなら甘いだけ、つらいならつらいだけというのは、味としては浅いのです。
残念な女は、「あの人は、ああいう人」と決めたがります。
「ああいう人」と決められないことが、人間の深みなのです。

残念な女は、一人の人間の中にある矛盾という深みを味わうことができないのです。

タブーを破るチャンス

45

矛盾に魅力を感じよう。

第6章

いい女は、
過去を引きずらない。

46

いい女は、ある日突然、成長する。

男性は、コツコツ積み上げて成長します。
いい女は、ある日突然、生まれ変わります。
「私はこうだから、もうダメ」ということはないのです。
女性は内側で変化します。
それが外側に出るのは、ある日突然なのです。
サナギが蝶《ちょう》になる瞬間があるのです。
あせらず、コツコツ積み上げていけばいいのです。
残念な男は、よく「一発当ててやる」と言っています。
それは、ただ宝くじを買っているだけです。

「言いなりになりたい男」は、毎日コツコツ積み上げています。

もう十分積み上げていても、さらに積み上げようとします。

それは人に見せるためではなく、自分のためです。

ある日突然成長できることを信じられない人は、現実ではなく、昨日をズルズル引きずっています。

部屋を見ればわかります。

部屋が散《ち》らかっている人は、昨日を引きずっている人です。

思い出のモノが捨てられないのは、モノを捨てられないというより、昨日を捨てられないのです。

「代表作は次の作品」と思える人は、昨日の作品をとっておくことはしません。

「私は、これからもっときれいになる」と思える人は、10年前のベストショットを証明写真のためにとっておかないのです。

次の恋にぶつかっていく人は、昔の男からもらったモノを捨てられます。

昔の手紙をとっておくこともありません。

残念な男がガラケーを解約できないのは、昔の女から電話がかかってきた時に、通じなかったら困るからです。
使いもしないガラケーに、月々の基本料金を払い続けているのです。

タブーを破るチャンス

46

昨日を、引きずらない。

47 いい女は、現地集合・現地解散ができる。

残念な女は、1人で行動できません。

いつも誰かに迎えに来てもらったり、送ってもらいたがります。

寄ってくるのは「自分の言いなりになる男」です。

いい女は、知らない場所に1人で行く行動力があります。

店で直接、待ち合わせができるのです。

残念な女は、「駅からどう行くかわかんなーい。行ったことないし」と言います。

スマホの地図を見て行けば、どこにでもたどり着けます。

「迎えに来てくれないと行けない」となると、ジェームズ・ボンドのような男とはつきあえないのです。

残念な女は、パック旅行が好きです。

ガイドさんとツアコンさんがいるのが当たり前の旅行に慣れているので、1人で旅行を組み立てられないのです。

「言いなりになりたい男」は、孤独癖《へき》と放浪《ほうろう》癖があります。

これは男性脳です。

男らしい人は、1人になりたいし、放浪したいのです。

いつも誰かと一緒にいたいのは、女性脳です。

みんなで集まって何かするのが大好きです。

会社の課長から社長から、とにかく大ぜいで飲みに行きたがる人は、脳が成熟していないのです。

糸井重里さんと川崎徹さんは、一緒に東京ドームで野球を見る時に、それぞれがチケットを持ってバラバラに行きます。

着いたら隣に並んで座って、試合が終わると、そこで解散です。

これが「一緒に行く」ということです。

普通は、迎えに行ったり、駅で待ち合わせして一緒に行きます。
カップルの旅行でも、ずっと一緒に行動します。
私は北海道ロケに行くことが多いのです。
撮影している間、みんなはずっと一緒です。
帰りもロケバスで一緒に帰ります。
私は1人で企画を考えたいので、電車に乗って1人で帰ってきます。
飛行機も、みんなと席を離してもらいます。
これが男性脳なのです。

タブーを破るチャンス

47

知らない場所に1人で行ける行動力を持とう。

48

いい女は、好きな男の前で、現実を引きずらない。

残念な女は、好きな男の前でも現実を引きずっています。

今日会社であったイヤなことをグジグジ話すのです。

「これからこんなことをしたいね」

と言われても、

「でも、お金がかかりそう」

「そんなことってできるのかな」

「現実論としてどうなのかな」

と言うのです。

ディズニーランドで、そんな会話はしたくありません。

アトラクションに並んでいる時に、明日までの支払いがどうとか、借金がどうとか、そんな会話をずっとされたらイヤです。

幸薄オーラが出ている人は、現実を引きずっているのです。

タブーを破るチャンス

48

現実を引きずった会話をしない。

49

いい女は、男と一緒に走れる。

残念な男は、歩く行為が嫌いです。
歩く意味がわからないのです。
歩きを楽しめることが、文化度が高いということです。
走れないい女は、ボンドガールになれません。
いい男のモデルがジェームズ・ボンドなら、いい女はボンドガールです。
走れないボンドガールや峰不二子では、冒険できないのです。
走ると言っても、競技場で走ることではありません。
町なかでハイヒールダッシュができることです。
映画『恋するモンテカルロ』で、テキサスの女子高生3人組があこがれのパリに行きます。

安いパックツアーなので、ルーブル美術館に20分という強行軍です。

ガイドさんも「急いでください」としか言いません。

せっかく気合いを入れてハイヒールを履《は》いてきたのに、ハイヒールでルーブル美術館を走りまわることになるのです。

ドラクロアの『民衆を導く自由の女神』の旗を持つ女神が、ガイドさんに見えてきます。

その前をヒューッと通り過ぎます。

「ああ、ハイヒールなんか履いて来るんじゃなかった」と言った時に、「ハイヒールを履いて足が痛くならないと、男は見てくれない」という大人のセリフがあります。

ハイヒールを履いてよろけた時に、支《ささ》えてくれた男性と出会いがあるのです。

映画『運命の元カレ』のラストで、主人公が「運命の人」に向かってハイヒールで走って行くシーンがあります。

ここでスニーカーを履いていたら、走って当たり前です。

ハイヒールを履いているからこそ、ダッシュに気合いが入るのです。

走る用にスニーカーを履いている場合ではありません。

「だからこそ走る」というところに、気合いが感じられます。

「今日はハイヒールだから走れない」「今日は着物だから走れない」ということはないのです。

タブーを破るチャンス

49

一緒に、走ろう。

50 いい女は、理解できない男とつきあう。

残念な女は「あなたのことがよくわからない」と言って、ケンカになります。

「まだあなたのことをよく知らないし」

「もっとあなたのことを知ってから」

「あなたのことをもっと知らないと、つきあえない」

「あなたのことを100%知りたい」

と言うのです。

人間が人間を100%理解することはできません。

理解できるとするならば、それは残念な男です。

残念な男のキャラは、わかりやすいのです。

「言いなりになりたい男」は複雑です。

それだけ深みがあるのです。

それを100％理解してからつきあおうとすると、チャンスはなくなります。

理解できなさかげんを楽しめばいいのです。

理解できるのは、今までに自分が知っていた男のパターンにはめられるということです。理解できないのは、今までに自分が知っていた男のパターンと違うということです。理解できる男とつきあいたがるのは、自分の知っているパターンで安心できるからです。

理解できない段階で先ヅモ発車できることが大切です。

わからない部分をナゾとして楽しむのです。

「あなたのことがよくわからない」と言うと、「だったら、いつかわかるのか」という根本的な話になります。

そういう人は、好きになるというより、自分のこともわかってもらいたいのです。

残念な男は、自分をわかってもらおうとする男であり、わかりやすい男です。

SNS時代は、自分の居場所を逐一《ちくいち》伝えることができます。

それよりも、昨日どこにいたか、今何をしているかわからないのが、男の魅力です。

映画『ハウルの動く城』で、ハウルがドロドロになって帰ってきます。

ソフィーは、彼が夜中にどこに行っていたか聞きません。

すべてを教えてもらいたがる人は、その時点で、「言いなりになりたい男」とはつきあえないのです。

タブーを破るチャンス

50

理解できないナゾを、楽しもう。

51

「言いなりになりたい男」は、ダンドリができて、ダンドリを捨てることができる。

残念な男が、彼女と一緒に海外旅行に行きます。

朝からびっしりスケジュールを組んでいます。

男の責任感で、ダンドリのいいところを見せたいのです。

彼女を楽しませるために、1カ所でも多くアクティビティーとアトラクションを突《つ》っ込みます。

最も効率のよいスケジュールを組んであるのです。

ところが、彼女が「今日は2時間ぐらいゴロゴロしたいな」と言い出します。

これで、すべてのスケジュールが台なしです。

その時に、残念な男は「じゃ、2日間ゴロゴロしよう」と言うのです。

誰もそんなことは言っていません。

「2時間ゴロゴロしたい」と言っただけです。

それなのに、ホテルで3泊、ずっとゴロゴロするという話になるのです。

カヌーに乗って、カンガルーをさわりに行って、コアラのところにも行くという工程表は、すでにできています。

予約は、すべてキャンセルです。

「わざわざオーストラリアに来ているのに、そんなにゴロゴロしたいのなら、ずっとゴロゴロしてろ」ということになるのです。

オール・オア・ナッシングです。

ダンドリを捨てることができないのです。

大切なのは、ダンドリを捨てて、新たにダンドリを組み直せることです。

戦前の海軍兵学校のキャッチフレーズは、「スマートで、目先がきいて几帳面《きちょうめん》、負けじ魂《だましい》、これぞ船乗り」です。

「目先がきく」というのは、先読みしてダンドリができることです。
几帳面だけで終わらずに、何度も修正できることが大切です。
海軍士官はモテモテで、とんでもない競争率でした。
「東大に落ちたら江田島に行こう」という時代があったのです。

タブーを破るチャンス

51

ダンドリからはずれることを、楽しもう。

52

「言いなりになりたい男」は、紳士的な運転をする。

「言いなりになりたい男」かどうかは、運転を見ればわかります。

運転が紳士的なのです。

抜かれたから抜き返す、一番に発進する、キキーッと鳴らす、「早く行けよコラ」と怒鳴る、クラクションを鳴らす、猛スピードを出す、こんなことはいっさいありません。

いい男は命を大切にします。自分が命を張った仕事をしているので、こんなところでケガしている場合ではないのです。

F1ドライバーは、公道を走る時は安全運転です。

「F1ドライバーなのに、公道を走る時は安全運転ですね」と言われます。

当たり前です。Ｆ１ドライバーは、レースで命を張っています。

スピード違反は、レースですることです。

町で接触事故を起こしたり、スピード違反で捕まったら、みっともないのです。

残念な男は、ドライブでいいところを見せようとします。

追い越しをかけられたら負けたような気がして、抜き返します。

渋滞になると、ひたすら車線変更を繰り返します。

車線変更をしたところがまた詰まって、ますますイラッときます。

一緒に乗っている女性にも、「だから、もっと早く出たほうがいいと言ったじゃない」と言われます。しなくてもいいケンカが始まるのです。

タブーを破るチャンス

52

ワイルドな紳士とつきあおう。

第 7 章

タブーを破る
チャンスをつかもう。

53

いい女は、タブーを破れる。

みんなが興味のあることに制限を加えるのが、タブーです。
興味のないことはタブーになりません。
これが文化人類学的な「タブー」の定義です。
興味のないことは、わざわざ禁止ルールをつくらなくても、誰もしないのです。
タブーは一番おいしいものです。
だから、ガマンするのです。
タブーは自分で決めています。
明文化はされていません。
誰のせいでもないのに、自分が勝手に「これはできない」と思っているだけです。

タブーを破るチャンス

53

タブーを、破ろう。

タブーを破ることは犯罪行為ではありません。

本の書き方や絵の描き方でも、してはいけないことを一度してみることで本質がわかります。

「自分は人妻だから、恋をしてはいけない」ということは、いっさいないのです。

54

いい女は、1週間メールがなくても、あたふたしない。

男性は常に仕事で戦っています。

毎日マンモスを追いかけているのです。

メールをしているヒマはありません。

残念な女は、メールが来ないと、「自分に何か不手際があって嫌われたのではないか」と解釈します。

最初は「なんでメールをくれないの」と怒ります。

次は「ごめん」と謝ります。

「私が悪かったから、メールちょうだい」とか「このメール届いていますか」とか、めんどくさいことになるのです。

幸薄い人は、相手を束縛《そくばく》したがります。

「本当に好きなら、メールの回数がもっと多いはず」と考えます。

それならメールとつきあえばいいのです。

今はメールを毎日くれるアプリもあります。

メールの回数で愛を確かめることが、すでに残念なのです。

タブーを破るチャンス

54

メールの回数で、愛を確かめない。

55

いい女は、カーテンを引き裂いて、ドレスをつくる根性がある。

映画『風と共に去りぬ』で、いい女のカッコいいシーンがあります。

スカーレットが、戦争のために何もなくなった家で、カーテンを引き裂《さ》いてドレスをつくるところです。

私は、このシーンが大好きです。

いい女は、その場にあるもので、勢いでつくってしまえるのです。

「カーテン生地でドレスなんかつくれない」というのは、ヘンな固定観念を引きずっています。

スカーレットは、カーテンの生地でドレスをつくる力量を持っています。

さらには、ウエスト53センチに絞《しぼ》って気絶しない根性を持っています。

レット・バトラーが振り向いてくれなくても、負けません。

「自分でなんでもやってやる」という生命力を持っているのです。

「お店に行っても、なかなかいいのが売っていない」とか「見つからない」とか言っているようでは、いい女になれないのです。

タブーを破るチャンス

55

自分でなんでもできる生命力を持とう。

56

いい女は、恋愛に格差がつくことに、反対デモをしない。

恋愛には、格差があります。

いい女は「格差賛成」です。

残念な女は「格差反対」です。


残念な男は格差是正《ぜせい》のプラカードを持ってデモをしています。

モテる男がいい女をすべて集めて、自分たちのところにまわってこないのが許せないのです。

格差是正のデモに参加して、ＴＶに映ってニュースのインタビューに答えていたりします。

いい女は、そんな男とはつきあいません。

プラカードを持つヒマがあったら、自分を磨けばいいのです。

残念な男は『いい女は「言いなりになりたい男」とつきあう。』というこの本のタイトルを見て、「ひどい。そんなことになったら、自分のところにいい女がまわってこない。世の中は大変なことになる」と考えます。

言われる前から、残念な男のほうに感情移入しているのです。

いい男は、「そうだろう。そうでなくっちゃ」と思います。

残念な男は、日本がイスラムの国のように奥さんを4人持てることになるのは絶対反対です。

最初から自分のところにまわってこないと決めつけているからです。

「いいですね」と言う男は、4人もらう側にまわっています。

4人までもらえると言っても、「4人もらう人」と「1人ももらえない人」の2通りしかありません。

「そこそこ1人」という中途はんぱな状態はないのです。

どんなに女性が多い職場でも、モテる人が総取りです。

女性の多い職場だからモテモテということはありません。

これが恋愛格差です。

まずは、恋愛格差があることを肯定します。

その上で、自分が頑張って「言いなりになりたい男」になればいいのです。

いい女は、デモに参加して、モテない連の代表をしているような男とは、つきあいたくないのです。

タブーを破るチャンス

56

恋愛格差を肯定し、挑戦しよう。

57 いい女は、レストランのハズレも、一緒に楽しめる。

レストランにもハズレがあります。
むしろ、はずれないとおかしいのです。
「言いなりになりたい男」は、デートで超当たりか超ハズレの店しか入りません。
「青森創作家庭料理」という店がありました。
郷土料理なのか何なのか、よくわかりません。
入口になまはげとハチ公が置いてあります。
どう見ても秋田の勘違いです。
いかにも怪《あや》しいし、ツッコミどころ満載です。

ここは勝負です。

「言いなりになりたい男」は、話のタネに入ってみます。

はずれたらはずれたで、2人の思い出になります。

サービスが悪い、愛想が悪い、味が悪い、値段が高いという救いようのない店でも入選なのです。

「ゴールデンラズベリー賞」は、最低映画に贈られる賞です。

2人で行ったお店にもゴールデンラズベリー賞があっていいのです。

残念な男は、ハズレの店に入ると責任を感じます。

自分のダンドリが悪いように感じるのです。

当然、青森創作家庭料理の店には入りません。

わざわざ青森に行って、どこにでもあるようなチェーン店に入ります。

はずれた時の責任を背負いたくないからです。

チェーン店は、当たりもないし、ハズレもありません。

ここでリスクヘッジをするのです。

かわいそうに、今までつきあった女性に「だからこんな怪しげなお店はやめたほうがいいと言ったじゃない。ダンドリが悪いな」と言われたことがあったのです。

そういう男は、チェーン店しか行けなくなります。

ハズレがないレストランに入ろうとしている時点で、その男は切り捨てたほうがいいのです。

守りに入ってハズレを楽しめないのは、つまらない男です。

松下幸之助さんは、「泣かぬなら　それもまたよし　ほととぎす」と言いました。

残念な男は、「泣かぬなら　腹かっさばいて　ほととぎす」です。

「はずれた責任は私にあります。私が自害すればいいんでしょう」という感覚です。

それでは一緒にいても楽しめません。

はずれても、「それもまたよし」なのです。

たとえば、5万円のお寿司を彼女にごちそうします。

5万円といっても、カウンターのある店では普通です。

ミシュランの星がつくような店に行くと、もっと高いのです。

ホテルは、リッツ・カールトンを予約しています。
ところが、部屋に入ると、女のコの日になってしまいました。
残念な男は、これも「ハズレ」と考えます。
常に、当たりハズレで考えているのです。
これでその場が盛り下がります。
世の中のものに、ハズレはありません。
「言いなりになりたい男」は、「それもまたよし」と考えて楽しめるのです。

タブーを破るチャンス

57

ハズレがないレストランに入る男を切り捨てよう。

58

いい女は、家事よりも、セックスを大切にできる男を選ぶ。

残念な男は、家事にうるさいのです。

料理・掃除・洗濯・育児がきちんとできる女性が理想です。

「家事はきちんとしてもらわないと困る」と、急に古風な発想になるのです。

婚活していて、なかなか結婚できない人がいます。

「どういうタイプがいいですか」と聞くと、「料理ができる人がいいですね。母親が料理がうまかったので」と言うのです。

この時点でアウトです。

母親のかわりを求めていることが丸わかりです。

「自分が片づけが苦手だから、家を掃除《そうじ》してもらう」という発想です。

それならダスキンさんに頼めばいいのです。

「言いなりになりたい男」は、家事よりセックスが大切です。

「家事は僕がやるから」と言うのです。

家事を大切にする男は、セックスはどうでもいいと思っています。

「なかなか結婚できない」と言うのは「なかなかいいお手伝いさんが見つからない」と言っているにすぎません。

恋人とお手伝いさん、奥さんとお手伝いさんの区別がついていないのです。

究極、残念なほうのマザコンです。

恋人と母親との区別がついていないのです。

タブーを破るチャンス

58

家事にうるさい男を、切り捨てよう。

59

いい女は、一緒に並ぶことを楽しめる。

楽しいことをしに行こうと思ったら、混んでいるのは当たり前です。

みんなが盛り上がって、ブームになっているのです。

大ぜい集まるところには、エネルギーがあります。そこへ行って共有体験することが大切です。おいしいラーメン屋さんは、行列ができています。

並んでいないほうのお店では、オヤジが腕を組んでこちらを見ています。

客が1人だけいて、「ハズレだな。でも、1人で帰りにくいな。本当は残したいけど残しにくいな」という顔で、まずそうに食べています。

残念な男と残念な女は、そんな店に「すぐに入れるから」と入るのです。

行列には並んでみます。

タブーを破るチャンス

59

一緒に並んでいても楽しい女になろう。

並んでいる間も「まだ？」と言っていると、楽しくなくなります。並んでいる間が超楽しくて、「意外に短かったね」と言われるのがベストです。一緒にラーメンを食べて楽しい人よりも、一緒に並んで楽しい存在に、いかになるかです。

「1時間も待たなければいけないの」と、ムッとしないことです。

1時間待ったら入れるのです。そう考えると、その1時間を楽しめます。

「あなたが並んでいて」と言われたら、たしかに寂しいです。「私はスタバにいるから、入れるようになった時に呼んで」というのは、一緒に楽しんでいません。

寒いところでくっついて待つのも、デートのうちです。

並ぶのを楽しむ人同士、並ぶのが嫌いな人同士でつきあいます。

並ぶのが嫌いな人は、2人で隣のまずい店に行きます。

それはそれで、ベストカップルなのです。

60

エピローグ

「言いなりになりたい男」は、順位の中にいない。

「言いなりになりたい男」は、今までつきあった男の中から探してもいません。

スマホをスライドさせて、「誰かいないかな」「これはどうよ」「これはオマケ」とか、そういうことではないのです。

「言いなりになりたい男」に順位はありません。

1人出会ったら終わりです。

それぐらい、ぶっちぎりです。

1位・2位・3位があるのは、「好き」のランキングです。

「言いなりになりたい男」は、ゼロ位です。

順位の中から男を選んでいるうちは、「言いなりになりたい男」には出会えないのです。

「今、選んでいるんです」というのは、「言いなりになりたい男」の定義が間違っています。それは「好き」です。

「好き」と「言いなりになりたい」の区別が、きちんとついているかどうかです。

「言いなりになりたい男」は、女を言いなりにしたい男ではありません。

女性が勝手に「この人の言うことなら、なんでも聞きたい」と思うような男です。

残念な男は、女を言いなりにするのが夢です。

今まで自分が言いなりになってきたので、「いつか奴隷《どれい》の立場から逆転しよう」と思っているのです。

その時点で、残念な男です。

自分で口説きたいとも思わないし、好きにしたいとも思っていません。

ただなんとなく自分が楽しんでいることを一緒に楽しもうとしているだけです。

いい男は世界を持っています。

お寿司屋さんでの楽しみ方、ホテルでの楽しみ方を知っています。

それをさらにきわめていきます。

時間は、自分をより高めることに使っています。

単にお金を持っているとかお店を知っているということではありません。

職業的に言うと、芸術家的生き方です。

いくら儲けるとか、年収何億円とか、大きい会社にいるとか、偉い役職にいるとか、いいクルマに乗っているとかは、いっさい関係ありません。

いい男は、持っている世界が大きくて、その世界に入っていくのです。

いい女は、プレゼントに恋をするのではないのです。

男の生きている世界に恋をするのです。

タブーを破るチャンス

60

比較して、男を選ばない。

『輝く女性に贈る　中谷彰宏の魔法の言葉』
（主婦の友社）
『名前を聞く前に、キスをしよう。』
（ミライカナイブックス）
『ほめた自分がハッピーになる「止まらなくなる、ほめ力」』**（パブラボ）**
『なぜかモテる人がしている42のこと』
（イースト・プレス　文庫ぎんが堂）
『一流の人が言わない50のこと』
（日本実業出版社）
『輝く女性に贈る中谷彰宏の魔法の言葉』
（主婦の友社）
『「ひと言」力。』**（パブラボ）**
『一流の男　一流の風格』**（日本実業出版社）**
『「あと1年でどうにかしたい」と思ったら読む本』**（主婦の友社）**
『変える力。』**（世界文化社）**
『なぜあの人は感情の整理がうまいのか』
（中経出版）
『人は誰でも講師になれる』
（日本経済新聞出版社）
『会社で自由に生きる法』
（日本経済新聞出版社）
『全力で、1ミリ進もう。』**（文芸社文庫）**
『だからあの人のメンタルは強い。』
（世界文化社）
『「気がきくね」と言われる人のシンプルな法則』**（総合法令出版）**
『だからあの人に運が味方する。』
（世界文化社）
『だからあの人に運が味方する。（講義DVD付き）』**（世界文化社）**
『なぜあの人は強いのか』**（講談社＋α文庫）**
『占いを活かせる人、ムダにする人』**（講談社）**
『贅沢なキスをしよう。』**（文芸社文庫）**
『3分で幸せになる「小さな魔法」』
（マキノ出版）
『大人になってからもう一度受けたいコミュニケーションの授業』
（アクセス・パブリッシング）
『運とチャンスは「アウェイ」にある』
（ファーストプレス）
『「出る杭」な君の活かしかた』
（明日香出版社）
『大人の教科書』**（きこ書房）**
『モテるオヤジの作法2』**（ぜんにち出版）**
『かわいげのある女』**（ぜんにち出版）**
『壁に当たるのは気モチイイ人生もエッチも』**（サンクチュアリ出版）**
『ハートフルセックス』[新書]
（KKロングセラーズ）
書画集『会う人みんな神さま』**（DHC）**
ポストカード『会う人みんな神さま』
（DHC）

[面接の達人]**（ダイヤモンド社）**

『面接の達人　バイブル版』
『面接の達人　面接・エントリーシート問題集』

【PHP研究所】
『なぜランチタイムに本を読む人は、成功するのか』
『なぜあの人には余裕があるのか』
『中学時代にガンバれる40の言葉』
『叱られる勇気』
『40歳を過ぎたら「これ」を捨てよう。』
『中学時代がハッピーになる30のこと』
『頑張ってもうまくいかなかった夜に読む本』
『仕事は、こんなに面白い。』
『14歳からの人生哲学』
『受験生すぐにできる50のこと』
『高校受験すぐにできる40のこと』
『ほんのささいなことに、恋の幸せがある。』
『高校時代にしておく50のこと』
『中学時代にしておく50のこと』

【PHP文庫】
『もう一度会いたくなる人の話し方』
『お金持ちは、お札の向きがそろっている。』
『たった3分で愛される人になる』
『自分で考える人が成功する』
『大人の友達を作ろう。』
『大学時代しなければならない50のこと』

【大和書房】
『結果がついてくる人の法則58』

【だいわ文庫】
『「つらいな」と思ったとき読む本』
『27歳からのいい女養成講座』
『なぜか「HAPPY」な女性の習慣』
『なぜか「美人」に見える女性の習慣』
『いい女の教科書』
『いい女恋愛塾』
『やさしいだけの男と、別れよう。』
『「女を楽しませる」ことが男の最高の仕事。』
『いい女練習帳』
『男は女で修行する。』

【学研プラス】
『美人力』
『魅惑力』
『冒険力』
『変身力』
『セクシーなお金術』
『セクシーな会話術』
『セクシーな仕事術』
『口説きません、魔法をかけるだけ。』
『強引に、優しく。』

【阪急コミュニケーションズ】
『いい男をつかまえる恋愛会話力』
『サクセス＆ハッピーになる50の方法』

【あさ出版】
『「いつまでもクヨクヨしたくない」とき読む本』
『「イライラしてるな」と思ったとき読む本』
『「つらいな」と思ったとき読む本』

【きずな出版】
『いい女は「変身させてくれる男」とつきあう。』
『ファーストクラスに乗る人の人間関係』
『ファーストクラスに乗る人の人脈』
『ファーストクラスに乗る人のお金2』
『ファーストクラスに乗る人の仕事』
『ファーストクラスに乗る人の教育』
『ファーストクラスに乗る人の勉強』
『ファーストクラスに乗る人のお金』
『ファーストクラスに乗る人のノート』
『ギリギリセーーフ』

【ぱる出版】
『運のある人、運のない人』
『器の大きい人、小さい人』
『品のある人、品のない人』

【リベラル社】
『一流の話し方』
『一流のお金の生み出し方』
『一流の思考のつくり方』
『一流の時間の使い方』

『なぜいい女は「大人の男」とつきあうのか。』
（秀和システム）
『「学び」を「お金」にかえる勉強』
（水王舎）
『「お金持ち」の時間術』
（二見書房・二見レインボー文庫）
『服を変えると、人生が変わる』
（秀和システム）
『なぜあの人は40代からモテるのか』
（主婦の友社）
『一流の時間の使い方』**（リベラル社）**
『品のある人、品のない人』**（ぱる出版）**

【PHP研究所】
『[図解]お金も幸せも手に入れる本』
『もう一度会いたくなる人の聞く力』
『もう一度会いたくなる人の話し方』
『[図解]仕事ができる人の時間の使い方』
『仕事の極め方』
『[図解]「できる人」のスピード整理術』
『[図解]「できる人」の時間活用ノート』

【PHP文庫】
『中谷彰宏　仕事を熱くする言葉』
『入社3年目までに勝負がつく77の法則』

【オータパブリケイションズ】
『せつないサービスを、胸きゅんサービスに変える』
『ホテルのとんがりマーケティング』
『レストラン王になろう2』
『改革王になろう』
『サービス王になろう2』
『サービス刑事』

【あさ出版】
『気まずくならない雑談力』
『人を動かす伝え方』
『なぜあの人は会話がつづくのか』

【学研プラス】
『シンプルな人はうまくいく。』
『見た目を磨く人は、うまくいく。』
『決断できる人は、うまくいく。』
『会話力のある人は、うまくいく。』
『片づけられる人は、うまくいく。』
『怒らない人は、うまくいく。』
『ブレない人は、うまくいく。』
『かわいがられる人は、うまくいく。』
『すぐやる人は、うまくいく。』

『一流の仕事の習慣』**（ベストセラーズ）**
『仕事は、最高に楽しい。』**（第三文明社）**
『「反射力」早く失敗してうまくいく人の習慣』**（日本経済新聞出版社）**
『伝説のホストに学ぶ82の成功法則』**（総合法令出版）**
『富裕層ビジネス　成功の秘訣』**（ぜんにち出版）**
『リーダーの条件』**（ぜんにち出版）**
『成功する人の一見、運に見える小さな工夫』**（ゴマブックス）**
『転職先はわたしの会社』**（サンクチュアリ出版）**
『あと「ひとこと」の英会話』**（DHC）**

［恋愛論・人生論］

【ダイヤモンド社】
『なぜあの人は逆境に強いのか』
『25歳までにしなければならない59のこと』
『大人のマナー』
『あなたが「あなた」を超えるとき』
『中谷彰宏金言集』
『「キレない力」を作る50の方法』
『お金は、後からついてくる。』
『中谷彰宏名言集』
『30代で出会わなければならない50人』
『20代で出会わなければならない50人』
『あせらず、止まらず、退かず。』
『「人間力」で、運が開ける。』
『明日がワクワクする50の方法』
『なぜあの人は10歳若く見えるのか』
『テンションを上げる45の方法』
『成功体質になる50の方法』
『運のいい人に好かれる50の方法』
『本番力を高める57の方法』
『運が開ける勉強法』
『ラスト3分に強くなる50の方法』
『答えは、自分の中にある。』
『思い出した夢は、実現する。』
『習い事で生まれ変わる42の方法』
『面白くなければカッコよくない』
『たった一言で生まれ変わる』
『なぜあの人は集中力があるのか』
『健康になる家　病気になる家』
『スピード自己実現』
『スピード開運術』
『失敗を楽しもう』
『20代自分らしく生きる45の方法』
『受験の達人2000』
『お金は使えば使うほど増える』
『大人になる前にしなければならない50のこと』
『会社で教えてくれない50のこと』
『学校で教えてくれない50のこと』
『大学時代しなければならない50のこと』
『昨日までの自分に別れを告げる』
『人生は成功するようにできている』
『あなたに起こることはすべて正しい』

中谷彰宏　主な作品一覧

[ビジネス]

【ダイヤモンド社】

『50代でしなければならない55のこと』
『なぜあの人の話は楽しいのか』
『なぜあの人はすぐやるのか』
『なぜあの人の話に納得してしまうのか[新版]』
『なぜあの人は勉強が続くのか』
『なぜあの人は仕事ができるのか』
『なぜあの人は整理がうまいのか』
『なぜあの人はいつもやる気があるのか』
『なぜあのリーダーに人はついていくのか』
『なぜあの人は人前で話すのがうまいのか』
『プラス1%の企画力』
『こんな上司に叱られたい。』
『フォローの達人』
『女性に尊敬されるリーダーが、成功する。』
『就活時代しなければならない50のこと』
『お客様を育てるサービス』
『あの人の下なら、「やる気」が出る。』
『なくてはならない人になる』
『人のために何ができるか』
『キャパのある人が、成功する。』
『時間をプレゼントする人が、成功する。』
『会議をなくせば、速くなる。』
『ターニングポイントに立つ君に』
『空気を読める人が、成功する。』
『整理力を高める50の方法』
『迷いを断ち切る50の方法』
『初対面で好かれる60の話し方』
『運が開ける接客術』
『バランス力のある人が、成功する。』
『映画力のある人が、成功する。』
『逆転力を高める50の方法』
『最初の3年その他大勢から抜け出す50の方法』
『ドタン場に強くなる50の方法』
『アイデアが止まらなくなる50の方法』
『メンタル力で逆転する50の方法』
『超高速右脳読書法』
『なぜあの人は壁を突破できるのか』
『自分力を高めるヒント』
『なぜあの人はストレスに強いのか』
『なぜあの人は仕事が速いのか』
『スピード問題解決』
『スピード危機管理』
『スピード決断術』
『スピード情報術』
『スピード顧客満足』
『一流の勉強術』
『スピード意識改革』
『お客様のファンになろう』
『成功するためにしなければならない80のこと』
『大人のスピード時間術』
『成功の方程式』
『なぜあの人は問題解決がうまいのか』
『しびれる仕事をしよう』
『「アホ」になれる人が成功する』
『しびれるサービス』
『大人のスピード説得術』
『お客様に学ぶサービス勉強法』
『大人のスピード仕事術』
『スピード人脈術』
『スピードサービス』
『スピード成功の方程式』
『スピードリーダーシップ』
『大人のスピード勉強法』
『一日に24時間もあるじゃないか』
『もう「できません」とは言わない』
『出会いにひとつのムダもない』
『お客様がお客様を連れて来る』
『お客様にしなければならない50のこと』
『30代でしなければならない50のこと』
『20代でしなければならない50のこと』
『なぜあの人の話に納得してしまうのか』
『なぜあの人は気がきくのか』
『なぜあの人は困った人とつきあえるのか』
『なぜあの人はお客さんに好かれるのか』
『なぜあの人はいつも元気なのか』
『なぜあの人は時間を創り出せるのか』
『なぜあの人は運が強いのか』
『なぜあの人にまた会いたくなるのか』
『なぜあの人はプレッシャーに強いのか』

【ファーストプレス】

『「超一流」の会話術』
『「超一流」の分析力』
『「超一流」の構想術』
『「超一流」の整理術』
『「超一流」の時間術』
『「超一流」の行動術』
『「超一流」の勉強法』
『「超一流」の仕事術』

‖著者紹介

中谷彰宏（なかたに・あきひろ）

1959年、大阪府生まれ。早稲田大学第一文学部演劇科卒業。84年、博報堂に入社。ＣＭプランナーとして、テレビ、ラジオＣＭの企画、演出をする。91年、独立し、株式会社中谷彰宏事務所を設立。ビジネス書から恋愛エッセイ、小説まで、多岐にわたるジャンルで、数多くのロングセラー、ベストセラーを送り出す。「中谷塾」を主宰し、全国で講演・ワークショップ活動を行っている。

■公式サイト　http://www.an-web.com/

本の感想など、どんなことでも、
あなたからのお手紙をお待ちしています。
僕は、本気で読みます。　　　　中谷彰宏

〒162-0816　東京都新宿区白銀町1-13
きずな出版気付　中谷彰宏行
※食品、現金、切手などの同封は、ご遠慮ください（編集部）

視覚障害その他の理由で、活字のままでこの本を利用できない人のために、営利を目的とする場合を除き、「録音図書」「点字図書」「拡大写本」等の製作をすることを認めます。その際は、著作権者、または出版社までご連絡ください。

中谷彰宏は、盲導犬育成事業に賛同し、この本の印税の一部を（財）日本盲導犬協会に寄付しています。

いい女は「言いなりになりたい男」とつきあう。
——タブーを破る60のチャンス

2016年3月1日　第1刷発行

著　者　　中谷彰宏

発行者　　櫻井秀勲
発行所　　きずな出版
東京都新宿区白銀町1-13　〒162-0816
電話03-3260-0391　振替00160-2-633551
http://www.kizuna-pub.jp/

装　幀　　福田和雄（FUKUDA DESIGN）
装　画　　加藤木麻莉
編集協力　ウーマンウエーブ
印刷・製本　モリモト印刷

ISBN978-4-907072-54-4

きずな出版